漢検

7級

いちまるとはじめよう!

わくわく漢検

改訂版

漢検 公益財団法人 日本漢字能力検定協会

もくじ

この本の使い方……3
おうちの方へ……4
漢字で遊ぼう！ わくわく広場 1……8

日	テーマ	漢字	
1日目	自然《しぜん》・気象《きしょう》	（季節果芽害景候種）	10
2日目	自然・気象	（松照然巣熱梅）／家庭・料理（材料）	12
3日目	家庭・料理	（塩器菜焼飯）／学校・勉強（試験英）	14
4日目	学校・勉強	（辞典課覚共訓察参）	16
5日目	学校・勉強	（達成順唱省席積卒）	18
6日目	復習《ふくしゅう》問題		20

漢字で遊ぼう！ わくわく広場 2……22

日	テーマ	漢字	
7日目	学校・勉強	（努標副要例）／場所・位置《いち》（街倉側）	24
8日目	場所・位置	（底辺牧陸）／様子・程度《ていど》（完極功最）	26
9日目	様子・程度	（初清静浅低特博必）	28
10日目	様子・程度	（勇良冷）／動き（加改関観求）	30
11日目	動き	（協競結固差散残借）	32
12日目	復習問題		34

漢字で遊ぼう！ わくわく広場 3……36

日	テーマ	漢字	
13日目	動き	（折続置伝飛付別変）	38
14日目	動き	（包浴連録）／気持ち（希望愛案）	40
15日目	気持ち	（信念願泣好祝笑満）	42
16日目	人	（氏児孫仲徒夫民老）	44
17日目	健康《けんこう》・体	（健康栄養管）／もの・道具（衣印旗）	46
18日目	復習問題		48

漢字で遊ぼう！ わくわく広場 4……50

日	テーマ	漢字	
19日目	もの・道具	（鏡帯灯輪）／時間・区切り（以各径昨）	52
20日目	時間・区切り	（周単類）／数量・お金（位億束兆量）	54
21日目	くらし・仕事	（機械選挙貨官議給）	56
22日目	くらし・仕事	（便利法令漁郡建札）	58
23日目	くらし・仕事	（労働産司治臣票府）	60
24日目	復習問題		62

漢字で遊ぼう！ わくわく広場 5……64

日	テーマ	漢字	
25日目	芸術《げいじゅつ》	（芸刷説）／歴史《れきし》・戦《たたか》い（軍隊戦争敗）	66
26日目	似《に》た意味	（欠失不無）／似た形（的約末未）	68
27日目	都道府県《とどうふけん》	（茨城栃群埼奈潟富）	70
28日目	都道府県	（井梨岐阜岡滋賀阪）	72
29日目	都道府県	（兵徳香媛佐崎熊鹿沖縄）	74
30日目	復習問題		76

「漢検《かんけん》」受検の際《さい》の注意点……78
テストにチャレンジ！……79
部首一覧《いちらん》表……86
学年別《べつ》漢字配当表……90
ことおりの読み／注意すべき読み……93
常用《じょうよう》漢字表 付表《ふひょう》……94
標準解答《ひょうじゅんかいとう》…別冊《べっさつ》

※漢検ホームページから
ダウンロードできます。

この本の使い方

日本漢字能力検定《のうりょくけんてい》7級は、小学校4年生で学ぶ漢字202字を中心に、それまでに学ぶ漢字をふくめた読み、書き、使い方などが出題されます。
本書はその202字を1日10分で1か月間、楽しみながら学ぶことができます。

漢字で遊ぼう！ わくわく広場

これから習う漢字を使って、クイズやめいろで遊びましょう。

終わったら、シールをはりましょう。

漢字表・練習問題

漢字の意味や使う場面などで、テーマごとにわかれています。

「漢字表」の「読み」は、音読みをカタカナで、訓《くん》読みをひらがなで示《しめ》しています。中は中学校で習う読みで4級以上《いじょう》で出題対象《たいしょう》に、高は高校で習う読みで準《じゅん》2級以上で出題対象になります。

1週目から5週目まで、わかれています。

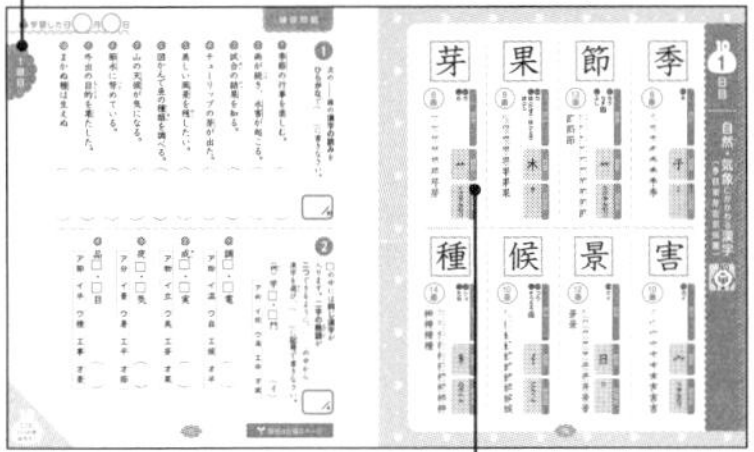

「部首・部首名」は、漢検採用《さいよう》のものです。

復習《ふくしゅう》問題

5日分の「漢字表」と「練習問題」が終わったら、「復習問題」をといてみましょう。

まちがえた問題は、「漢字表」を確認《かくにん》して、もう一度練習してみましょう。

テストにチャレンジ！

30日分の学習が終わったら、力だめしをしてみましょう。

いちまるの家族

うちゅうのかなたから、漢字を学ぶためにやってきたなかよし家族。

いちまる　ぷちまる　ちちまる　ははまる　おじじまる　おばばまる

いちまるの友達《ともだち》
ぎざるぼん

漢検ホームページ（https://www.kanken.or.jp/kanken/dl10/）から、漢字表のポスターをダウンロードできます。くわしくは、この本のカバーの折《お》り返し部分をごらんください。

おうちの方へ
個人受検の申し込みについて

「漢検」とは

「日本漢字能力検定（漢検）」は、漢字能力を測定する技能検定です。

「漢字を読む」「漢字を書く」ための知識量だけでなく、漢字の意味を理解し、文章の中で適切に漢字を使いこなす能力も測ります。

① 受検級を決める

受検資格　制限はありません
実施級　1、準1、2、準2、3、4、5、6、7、8、9、10級
検定会場　全国主要都市約170か所に設置
（実施地区は検定の回ごとに決定）

② 検定に申し込む

●インターネットで申し込む
ホームページ https://www.kanken.or.jp/ から申し込む
（クレジットカード決済、コンビニ決済、楽天ペイが可能です）。
下記の二次元コードから日本漢字能力検定協会ホームページへ簡単にアクセスできます。

●コンビニエンスストアで申し込む
検定料は各店舗のレジカウンターで支払う。
※申込方法など、変更になることがございます。最新の情報はホームページをご確認ください。

③ 受検票が届く

受検票は検定日の約1週間前にお届けします。4日前になっても届かない場合、協会までお問い合わせください。

お問い合わせ窓口

電話番号　フリーコール 0120-509-315（無料）
（海外からはご利用いただけません。ホームページよりメールでお問い合わせください。）
お問い合わせ時間　月～金　9時00分～17時00分
（祝日・お盆・年末年始を除く）
※検定日とその前日の土、日は開設
※検定日は9時00分～18時00分
メールフォーム　https://www.kanken.or.jp/kanken/contact/

4 検定日当日

検定時間

2級：10時00分～11時00分（60分間）

準2級：11時50分～12時50分（60分間）

8・9・10級：11時50分～12時30分（40分間）

1・3・5・7級：13時40分～14時40分（60分間）

準1・4・6級：15時30分～16時30分（60分間）

持ち物　受検票、鉛筆（HB、B、2Bの鉛筆またはシャープペンシル）、消しゴム

※ボールペン、万年筆などの使用は認められません。ルーペ持ち込み可。

5 合否の通知

検定日の約40日後に、受検者全員に「検定結果通知」を郵送します。合格者には「合格証書」・「合格証明書」を同封します。欠席者には検定問題と標準解答をお送りします。受検票は検定結果が届くまで大切に保管してください。

家族受検表彰制度について

家族で受検し合格された場合、個別の「合格証書」に加えて「家族合格表彰状」を贈呈する制度があります。申請方法や、その他注意事項は漢検ホームページにてご確認ください。

団体受検について

学校や企業などで志願者が一定以上まとまると、団体申込ができ、自分の学校や企業内で受検できる制度があります。団体申込を扱っているかどうかは、先生や人事関係の担当者にご確認ください。

「漢検」級別 主な出題内容

10級 …対象漢字数 80字
漢字の読み／漢字の書取／筆順・画数

9級 …対象漢字数 240字
漢字の読み／漢字の書取／筆順・画数

8級 …対象漢字数 440字
漢字の読み／漢字の書取／部首・部首名／筆順・画数／送り仮名／対義語／同じ漢字の読み

7級 …対象漢字数 642字
漢字の読み／漢字の書取／部首・部首名／筆順・画数／送り仮名／対義語／同音異字／三字熟語

6級 …対象漢字数 835字
漢字の読み／漢字の書取／部首・部首名／筆順・画数／送り仮名／対義語・類義語／同音・同訓異字／三字熟語／熟語の構成

5級 …対象漢字数 1026字
漢字の読み／漢字の書取／部首・部首名／筆順・画数／送り仮名／対義語・類義語／同音・同訓異字／誤字訂正／四字熟語／熟語の構成

4級 …対象漢字数 1339字
漢字の読み／漢字の書取／部首・部首名／送り仮名／対義語・類義語／同音・同訓異字／誤字訂正／四字熟語／熟語の構成

3級 …対象漢字数 1623字
漢字の読み／漢字の書取／部首・部首名／送り仮名／対義語・類義語／同音・同訓異字／誤字訂正／四字熟語／熟語の構成

準2級 …対象漢字数 1951字
漢字の読み／漢字の書取／部首・部首名／送り仮名／対義語・類義語／同音・同訓異字／誤字訂正／四字熟語／熟語の構成

2級 …対象漢字数 2136字
漢字の読み／漢字の書取／部首・部首名／送り仮名／対義語・類義語／同音・同訓異字／誤字訂正／四字熟語／熟語の構成

準1級 …対象漢字数 約3000字
漢字の読み／漢字の書取／故事・諺／対義語・類義語／同音・同訓異字／誤字訂正／四字熟語

1級 …対象漢字数 約6000字
漢字の読み／漢字の書取／故事・諺／対義語・類義語／同音・同訓異字／誤字訂正／四字熟語

※ここに示したのは出題分野の一例です。毎回すべての分野から出題されるとは限りません。また、このほかの分野から出題されることもあります。

日本漢字能力検定採点基準 最終改定：平成25年4月1日

1 採点の対象
筆画を正しく、明確に書かれた字を採点の対象とし、くずした字や、乱雑に書かれた字は採点の対象外とする。

2 字種・字体
①2～10級の解答は、内閣告示「常用漢字表」（平成二十二年）による。ただし、旧字体での解答は正答とは認めない。
②1級および準1級の解答は、『漢検要覧 1／準1級対応』（公益財団法人日本漢字能力検定協会発行）に示す「標準字体」「許容字体」「旧字体一覧表」による。

3 読み
①2～10級の解答は、内閣告示「常用漢字表」（平成二十二年）による。
②1級および準1級の解答には、①の規定は適用しない。

4 仮名遣い
仮名遣いは、内閣告示「現代仮名遣い」による。

5 送り仮名
送り仮名は、内閣告示「送り仮名の付け方」による。

6 部首
部首は、『漢検要覧 2～10級対応』（公益財団法人日本漢字能力検定協会発行）収録の「部首一覧表と部首別の常用漢字」による。

7 筆順
筆順の原則は、文部省編『筆順指導の手びき』（昭和三十三年）による。常用漢字一字一字の筆順は、『漢検要覧 2～10級対応』収録の「常用漢字の筆順一覧」による。

8 合格基準

級	満点	合格
1級／準1級／2級	二〇〇点	八〇%程度
準2級／3級／4級／5級／6級／7級	二〇〇点	七〇%程度
8級／9級／10級	一五〇点	八〇%程度

※部首、筆順は『漢検 漢字学習ステップ』など公益財団法人日本漢字能力検定協会発行図書でも参照できます。

日本漢字能力検定審査基準

10級

程度　小学校第1学年の学習漢字を理解し、文や文章の中で使える。

領域・内容

《読むことと書くこと》　小学校学年別漢字配当表の第1学年の学習漢字を読み、書くことができる。

《筆順》　点画の長短、接し方や交わり方、筆順および総画数を理解している。

9級

程度　小学校第2学年までの学習漢字を理解し、文や文章の中で使える。

領域・内容

《読むことと書くこと》　小学校学年別漢字配当表の第2学年までの学習漢字を読み、書くことができる。

《筆順》　点画の長短、接し方や交わり方、筆順および総画数を理解している。

8級

程度　小学校第3学年までの学習漢字を理解し、文や文章の中で使える。

領域・内容

《読むことと書くこと》　小学校学年別漢字配当表の第3学年までの学習漢字を読み、書くことができる。

⊙音読みと訓読みとを理解していること

⊙送り仮名に注意して正しく書けること（食べる、楽しい、後ろ　など）

⊙対義語の大体を理解していること（勝つ―負ける、重い―軽い　など）

⊙同音異字を理解していること（反対、体育、期待、太陽　など）

《筆順》　筆順、総画数を正しく理解している。

《部首》　主な部首を理解している。

7級

程度　小学校第4学年までの学習漢字を理解し、文章の中で正しく使える。

領域・内容

《読むことと書くこと》　小学校学年別漢字配当表の第4学年までの学習漢字を読み、書くことができる。

⊙音読みと訓読みとを正しく理解していること

⊙送り仮名に注意して正しく書けること（等しい、短い、流れる　など）

⊙熟語の構成を知っていること

⊙対義語の大体を理解していること（入学―卒業、成功―失敗　など）

⊙同音異字を理解していること（健康、高校、公共、外交　など）

《筆順》　筆順、総画数を正しく理解している。

《部首》　部首を理解している。

6級

程度　小学校第5学年までの学習漢字を理解し、文章の中で漢字が果たしている役割を知り、正しく使える。

領域・内容

《読むことと書くこと》　小学校学年別漢字配当表の第5学年までの学習漢字を読み、書くことができる。

⊙音読みと訓読みとを正しく理解していること

⊙送り仮名や仮名遣いに注意して正しく書けること（求める、失う　など）

⊙熟語の構成を知っていること（上下、絵画、大木、読書、不明　など）

⊙対義語、類義語の大体を理解していること（禁止―許可、平等―均等　など）

⊙同音・同訓異字を正しく理解していること

《筆順》　筆順、総画数を正しく理解している。

《部首》　部首を理解している。

5級

程度　小学校第6学年までの学習漢字を理解し、文章の中で漢字が果たしている役割に対する知識を身に付け、漢字を文章の中で適切に使える。

領域・内容

《読むことと書くこと》　小学校学年別漢字配当表の第6学年までの学習漢字を読み、書くことができる。

⊙音読みと訓読みとを正しく理解していること

⊙送り仮名や仮名遣いに注意して正しく書けること

⊙熟語の構成を知っていること

⊙対義語、類義語を正しく理解していること

⊙同音・同訓異字を正しく理解していること

《四字熟語》　四字熟語を正しく理解している（有名無実、郷土芸能 など）。

《筆順》　筆順、総画数を正しく理解している。

《部首》　部首を理解し、識別できる。

漢字で遊ぼう！
1週目

わくわく広場 1

虫めがねで漢字を見たら、
こんなに大きくなっちゃった！
どの漢字かわかるかな？
下のメモの中からさがして
○をつけてね。

景	訓	参	省	順	季	塩
覚	巣	料	種	器	材	芽
唱	松	英	熱	梅	菜	照

10

1週目に
学ぶ漢字だよ

季節果芽害景候種松照然巣熱梅材料塩器菜焼

飯試験英辞典課覚共訓察参達成順唱省席積卒

解答《かいとう》は別冊《べっさつ》11ページ

10
ここに
シールを
はろう！

10 1日目

自然《しぜん》・気《き》象《しょう》にかかわる漢字（季節果芽害景候種）

季
読み：音 キ
8画
部首：子
部首名：こ
季季季季季季季季

節
読み：音 セツ　セチ 高　訓 ふし
13画
部首：⺮
部首名：たけかんむり
節節節節節節節節節節節節節

果
読み：音 カ　訓 は(たす)・は(てる)　は(て)
8画
部首：木
部首名：き
果果果果果果果果

芽
読み：音 ガ　訓 め
8画
部首：艹
部首名：くさかんむり
芽芽芽芽芽芽芽芽

害
読み：音 ガイ
10画
部首：宀
部首名：うかんむり
害害害害害害害害害害

景
読み：音 ケイ
12画
部首：日
部首名：ひ
景景景景景景景景景景景景

候
読み：音 コウ　訓 そうろう 高
10画
部首：亻
部首名：にんべん
候候候候候候候候候候

種
読み：音 シュ　訓 たね
14画
部首：禾
部首名：のぎへん
種種種種種種種種種種種種種種

1 次の――線の**漢字の読み**を**ひらがなで**（　）に書きなさい。

/10

1. 季節の行事を楽しむ。（　）
2. 雨が続《つづ》き、水害が起こる。（　）
3. 試合《しあい》の結《けっ》果を知る。（　）
4. チューリップの芽が出た。（　）
5. 美しい風景を残《のこ》したい。（　）
6. 図かんで魚の種類《るい》を調べる。（　）
7. 山の天候が気になる。（　）
8. 節水に努《つと》めている。（　）
9. 外出の目的《もくてき》を果たした。（　）
10. まかぬ種は生えぬ（　）

2 □の中には**同じ漢字**が入ります。**二字の熟語《じゅくご》**が**二つ**できるように、□の中から漢字を選《えら》び、（　）に**記号**で書きなさい。

/4

〈例《れい》〉学□・□門　ア 向　イ 校　ウ 海　エ 体　オ 読　（イ）

1. 調□・□電　ア 節　イ 温　ウ 自　エ 候　オ 半　（　）
2. 成《せい》□・□実　ア 物　イ 立　ウ 美　エ 芽　オ 果　（　）
3. 夜□・□気　ア 分　イ 景　ウ 暑　エ 平　オ 節　（　）
4. 品□・□目　ア 節　イ 半　ウ 種　エ 事　オ 景　（　）

ここにシールをはろう！

自然・気《き》象《しょう》にかかわる漢字（松照然巣熱梅）／家庭・料理にかかわる漢字（材料）

松
8画
- 読み：音 ショウ　訓 まつ
- 部首：木
- 部首名：きへん

照
13画
- 読み：音 ショウ　訓 て(る)・て(らす)　て(れる)
- 部首：灬
- 部首名：れんが　れっか

然
12画
- 読み：音 ゼン　ネン
- 部首：灬
- 部首名：れんが　れっか

巣
11画
- 読み：音 ソウ 高　訓 す
- 部首：⺍
- 部首名：つかんむり

熱
15画
- 読み：音 ネツ　訓 あつ(い)
- 部首：灬
- 部首名：れんが　れっか

梅
10画
- 読み：音 バイ　訓 うめ
- 部首：木
- 部首名：きへん

材
7画
- 読み：音 ザイ
- 部首：木
- 部首名：きへん

料
10画
- 読み：音 リョウ
- 部首：斗
- 部首名：とます

1

次の――線の**漢字の読み**を**ひらがな**で（　）に書きなさい。

1 太陽が照っている。（　）
2 夕飯《ゆうはん》の材料をそろえる。（　）
3 高い松の木に登る。（　）
4 すっぱい梅ぼしは苦手だ。（　）
5 天然の魚はおいしい。（　）
6 ツバメのヒナが巣立つ。（　）
7 食べることに熱中する。（　）
8 新緑の林で自然に親しむ。（　）
9 料金をはらって入場する。（　）
10 鉄は熱いうちに打て（　）

／10

2

次の――線の**カタカナ**を**漢字**になおして（　）に書きなさい。

1 テストの結《けっ》**カ**が気になる。（　）
2 お茶の新**メ**をつむ。（　）
3 悪天**コウ**が続《つづ》く。（　）
4 **マツ**林が強風をふせぐ。（　）
5 冬は日**ショウ**時間が短い。（　）
6 見事な夜**ケイ**に感動する。（　）
7 野鳥が**ス**箱から顔を出す。（　）
8 母に**リョウ**理を教わる。（　）
9 アサガオの**タネ**を植える。（　）
10 **キ**節の変《か》わり目だ。（　）

／10

3日目

家庭・料理にかかわる漢字（塩器菜焼飯）／学校・勉強にかかわる漢字（試験英）

塩

13画

読み：音 エン　訓 しお

部首：土　部首名：つちへん

塩塩塩塩塩塩塩塩塩塩塩塩塩

器

15画

読み：音 キ　訓 うつわ 中

部首：口　部首名：くち

器器器器器器器器器器器器器器器

菜

11画

読み：音 サイ　訓 な

部首：艹　部首名：くさかんむり

菜菜菜菜菜菜菜菜菜菜菜

焼

12画

読み：音 ショウ 中　訓 や(く)　や(ける)

部首：火　部首名：ひへん

焼焼焼焼焼焼焼焼焼焼焼焼

飯

12画

読み：音 ハン　訓 めし

部首：食　部首名：しょくへん

飯飯飯飯飯飯飯飯飯飯飯飯

試

13画

読み：音 シ　訓 こころ(みる)　ため(す) 中

部首：言　部首名：ごんべん

試試試試試試試試試試試試試

験

18画

読み：音 ケン　ゲン 高

部首：馬　部首名：うまへん

験験験験験験験験験験験験験験験験験験

英

8画

読み：音 エイ

部首：艹　部首名：くさかんむり

英英英英英英英英

1 次の――線の漢字の読みをひらがなで（　）に書きなさい。

/10

❶ ゆでたまごに食塩をふる。（　）
❷ 新しい制服《せいふく》を試着した。（　）
❸ 使った調理器具をあらう。（　）
❹ 野菜サラダを食べる。（　）
❺ 祝日《しゅくじつ》にお赤飯をたいた。（　）
❻ 海で遠泳の体験をした。（　）
❼ ステージを明るく照らす。（　）
❽ 英会話の教室に通う。（　）
❾ にぎり飯をほおばる。（　）
❿ 焼け石に水（　）

2 次の――線の漢字の読みをひらがなで（　）に書きなさい。

/8

❶ 菜園（　）
❷ 菜の花（　）
❸ 塩分（　）
❹ 塩焼き（　）
❺ 品種（　）
❻ 梨《なし》の種（　）
❼ 試食（　）
❽ 試みる（　）

ここにシールをはろう！

解答《かいとう》は別冊《べっさつ》2ページ

4日目
学校・勉強にかかわる漢字（辞典課覚共訓察参）

辞
13画
読み 音 ジ 訓 や(める)中
部首 辛 部首名 からい
辞辞辞辞辞辞辞辞辞辞辞辞辞

典
8画
読み 音 テン
部首 八 部首名 は
典典典典典典典典

課
15画
読み 音 カ
部首 言 部首名 ごんべん
課課課課課課課課課課課課課課課

覚
12画
読み 音 カク 訓 おぼ(える) さ(ます)・さ(める)
部首 見 部首名 みる
覚覚覚覚覚覚覚覚覚覚覚覚

共
6画
読み 音 キョウ 訓 とも
部首 八 部首名 は
共共共共共共

訓
10画
読み 音 クン
部首 言 部首名 ごんべん
訓訓訓訓訓訓訓訓訓訓

察
14画
読み 音 サツ
部首 宀 部首名 うかんむり
察察察察察察察察察察察察察察

参
8画
読み 音 サン 訓 まい(る)
部首 ム 部首名 む
参参参参参参参参

練習問題

1

次の——線の**漢字の読み**を**ひらがな**で（　）に書きなさい。

❶ 共食いをする虫がいる。（　）
❷ 世界の国の名前を覚える。（　）
❸ 上級生としての自覚を持つ。（　）
❹ 水まきを日課にしている。（　）
❺ 学校でひなん訓練を行う。（　）
❻ 方言と共通語を使い分ける。（　）
❼ 参道を歩く。（　）
❽ 手先が器用だ。（　）
❾ 星を観《かん》察する。（　）
❿ いちまるが漢字辞典を引く。（　）

／10

2

次の**漢字**の**筆順**《ひつじゅん》を、○の中に**数字**で書きなさい。

〈例《れい》〉 正 ①②③④⑤

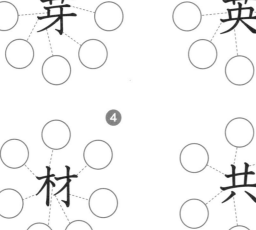

❶ 英

❷ 芽

❸ 共

❹ 材

／4

10 ここにシールをはろう！

解答《かいとう》は別冊《べっさつ》2ページ

10 5日目

学校・勉強にかかわる漢字（達成順唱省席積卒）

達

- 12画
- 読み：音 タツ
- 部首：辶
- 部首名：しんにょう／しんにゅう

達達

成

- 6画
- 読み：音 セイ・ジョウ高　訓 な(る)　な(す)
- 部首：戈
- 部首名：ほこづくり／ほこがまえ

順

- 12画
- 読み：音 ジュン
- 部首：頁
- 部首名：おおがい

順順

唱

- 11画
- 読み：音 ショウ　訓 とな(える)
- 部首：口
- 部首名：くちへん

唱

省

- 9画
- 読み：音 セイ・ショウ　訓 はぶ(く)　かえり(みる)中
- 部首：目
- 部首名：め

席

- 10画
- 読み：音 セキ
- 部首：巾
- 部首名：はば

積

- 16画
- 読み：音 セキ　訓 つ(む)　つ(もる)
- 部首：禾
- 部首名：のぎへん

積積積積積

卒

- 8画
- 読み：音 ソツ
- 部首：十
- 部首名：じゅう

1

次の――線の**漢字の読み**を**ひらがな**で（　）に書きなさい。

/10

1. 練習の成果を見せる。（　　）
2. 弟が九九を唱えている。（　　）
3. 校歌を全員で合唱する。（　　）
4. 春に六年生が卒業する。（　　）
5. 一日の行いを反省した。（　　）
6. 順路通りに見学する。（　　）
7. 歌の上達を目指す。（　　）
8. 妹のとなりの席にすわる。（　　）
9. 問題を最初《さいしょ》から順番にとく。（　　）
10. ちりも積もれば山となる（　　）

2

次の――線の漢字の読みは、**音読み（ア）**ですか、**訓読み（イ）**ですか。**記号**で（　）に書きなさい。

〈例《れい》〉力《ちから》持ち（イ）

/10

1. 熱《あつ》い（　　）
2. 熱気《ねっき》（　　）
3. 照《て》らす（　　）
4. 照明《しょうめい》（　　）
5. 感覚《かんかく》（　　）
6. 覚《さ》める（　　）
7. 参加《さんか》（　　）
8. 参《まい》る（　　）
9. 成《な》り立ち（　　）
10. 成功《せいこう》（　　）

ここにシールをはろう！

解答《かいとう》は別冊《べっさつ》3ページ

10 6日目

復《ふく》習《しゅう》問題

1

次の——線の**カタカナ**に合う**漢字**を□から選《えら》んで（　）に**記号**で書きなさい。

/5

① 四**キ**の花を部屋にかざる。（　）
ア 汽　イ 季　ウ 期

② 美しい光**ケイ**が広がる。（　）
ア 景　イ 軽　ウ 計

③ **リョウ**理クラブに入る。（　）
ア 良　イ 両　ウ 料

④ 天**コウ**が変《か》わりやすい。（　）
ア 考　イ 候　ウ 港

⑤ **セツ**分の日に豆をまく。（　）
ア 節　イ 雪　ウ 切

2

次の——線の**カタカナ**を**漢字**になおして（　）に書きなさい。

/10

① 里山の**シゼン**を守る。（　）

② 文明が**ハッタツ**する。（　）

③ **シオアジ**のおかしを食べた。（　）

④ **ソツギョウ**生が旅立つ。（　）

⑤ 庭に大きな**マツ**の木がある。（　）

⑥ 寺にお**マイ**りする。（　）

⑦ **ユウヤ**けがきれいだ。（　）

⑧ **ミチジュン**をたずねる。（　）

⑨ おじは**ウメシュ**が好《す》きだ。（　）

⑩ **ヤサイ**ジュースを飲む。（　）

3

次の漢字を〔　〕内のように読むとき、送りがなのつけ方が正しいものを｛　｝の中から選んで書きなさい。

〈例《れい》〉大〔おおきい〕｛大きい／大い｝（大きい）

/4

1 省〔はぶく〕｛省ぶく／省く｝（　　）

2 覚〔さます〕｛覚ます／覚す｝（　　）

3 試〔こころみる〕｛試る／試みる｝（　　）

4 唱〔となえる〕｛唱える／唱る｝（　　）

4

次の――線のカタカナを漢字になおして（　）に書きなさい。

/10

1 エイゴの授業《じゅぎょう》を受ける。（　　）

2 ユウハンはカレーがよい。（　　）

3 風の力のジッケンをする。（　　）

4 新しい国語ジテンを買う。（　　）

5 アツい湯船につかる。（　　）

6 学芸会《がくげいかい》でガッキを使う。（　　）

7 ガイチュウが畑をあらす。（　　）

8 キョウツウ語で話す。（　　）

9 会場はクウセキが目立つ。（　　）

10 クンレンの成果が出る。（　　）

10 ここにシールをはろう！

解答《かいとう》は別冊《べっさつ》3ページ

漢字で遊ぼう！
2週目

わくわく広場 2

自動はんばい機《き》が二台あるよ。どちらにも同じジュースが入っているけれど、字をまちがえているものが、左（23ページ）の自動はんばい機に四本だけまぎれこんでいるよ。どれだろう？　見つけて○をつけてね。

10

2週目に学ぶ漢字だよ

努標副要例街倉側底辺牧陸完極功最初清静浅

低特博必勇良冷加改関観求協競結固差散残借

解答《かいとう》は別冊《べっさつ》11ページ

10
ここにシールをはろう！

7日目

学校・勉強にかかわる漢字／場所・位置《いち》にかかわる漢字

（努 標 副 要 例）（街 倉 側）

努

読み：音 ド　訓 つと(める)

7画

部首：力　部首名：ちから

努努努努努努努

標

読み：音 ヒョウ

15画

部首：木　部首名：きへん

標標標標標標標標標標標標標標標

副

読み：音 フク

11画

部首：刂　部首名：りっとう

副副副副副副副副副副副

要

読み：音 ヨウ　訓 かなめ　い(る)中

9画

部首：襾　部首名：おおいかんむり

要要要要要要要要要

例

読み：音 レイ　訓 たと(える)

8画

部首：亻　部首名：にんべん

例例例例例例例例

街

読み：音 ガイ　カイ中　訓 まち

12画

部首：行　部首名：ぎょうがまえ　ゆきがまえ

街街街街街街街街街街街街

倉

読み：音 ソウ　訓 くら

10画

部首：人　部首名：ひとやね

倉倉倉倉倉倉倉倉倉倉

側

読み：音 ソク　訓 がわ

11画

部首：亻　部首名：にんべん

側側側側側側側側側側側

2週目

1

次の――線の**漢字の読み**を**ひらがなで**（　）に書きなさい。

❶ とれた米を倉庫に入れる。（　）
❷ 重要な問題を話し合う。（　）
❸ タクシーで市街地を走る。（　）
❹ 休日に虫の標本を作った。（　）
❺ 教室の美化に努める。（　）
❻ 白線の内側を歩く。（　）
❼ 街角の風景を写真にとる。（　）
❽ 薬の副作用でねむくなる。（　）
❾ 例をいくつか挙《あ》げる。（　）
❿ 努力にまさる天才なし（　）

／10

2

□の中には**同じ漢字**が入ります。**二字の熟語《じゅくご》**が**二つ**できるように、□の中から漢字を選《えら》び、（　）に**記号**で書きなさい。

〈例〉学□・□門（イ）
ア向　イ校　ウ海　エ体　オ読

❶ 面□・□雪（　）
ア重　イ熱　ウ積　エ節　オ季

❷ 配□・□成（　）
ア達　イ作　ウ参　エ料　オ分

❸ 公□・□同（　）
ア教　イ試　ウ例　エ共　オ察

❹ 両□・□面（　）
ア英　イ側　ウ訓　エ課　オ覚

／4

ここにシールをはろう！

解答《かいとう》は別冊《べっさつ》3ページ

8日目

場所・位置《いち》にかかわる漢字（底辺牧陸）／様子・程度《ていど》にかかわる漢字（完極功最）

底
8画
読み　音 テイ　訓 そこ
部首　广
部首名　まだれ

辺
5画
読み　音 ヘン　訓 あた(り)　べ
部首　辶
部首名　しんにょう　しんにゅう

牧
8画
読み　音 ボク　訓 まき 中
部首　牛
部首名　うしへん

陸
11画
読み　音 リク
部首　阝
部首名　こざとへん

完
7画
読み　音 カン
部首　宀
部首名　うかんむり

極
12画
読み　音 キョク・ゴク 中　訓 きわ(める) 中　きわ(まる) 中　きわ(み) 中
部首　木
部首名　きへん

功
5画
読み　音 コウ　ク 高
部首　力
部首名　ちから

最
12画
読み　音 サイ　訓 もっと(も)
部首　曰
部首名　ひらび　いわく

1 次の――線の**漢字の読み**を**ひらがな**で（　）に書きなさい。

❶ いつか北極に行きたい。（　　）

❷ ヘリコプターが着陸した。（　　）

❸ 作品がやっと完成した。（　　）

❹ 岸辺でスケッチする。（　　）

❺ 辺りはもう真っ暗だ。（　　）

❻ カレイは海底にすむ魚だ。（　　）

❼ 実験が成功したようだ。（　　）

❽ コップの底をあらう。（　　）

❾ 牛と羊を放牧している。（　　）

❿ 駅まで最も近い道を歩く。（　　）

／10

2 次の**漢字**を、**総画数**《そうかくすう》の少ないものから**順番**に書きなさい。

察・努・要・最・倉
功・陸・辞・標・底

□→□→□→□→□→□→□→□→□→□

／1

解答《かいとう》は別冊《べっさつ》4ページ

9日目

様子・程《てい》度《ど》にかかわる漢字
(初清静浅低特博必)

初
7画
- 音 ショ
- 訓 はじ(め)・はじ(めて) はつ・そ(める)中 うい高
- 部首 刀
- 部首名 かたな

清
11画
- 音 セイ・ショウ高
- 訓 きよ(い)・きよ(まる) きよ(める)
- 部首 氵
- 部首名 さんずい

静
14画
- 音 セイ・ジョウ中
- 訓 しず・しず(か) しず(まる)・しず(める)
- 都《と》道《どう》府《ふ》県《けん》名《めい》 静岡《しずおか》
- 部首 青
- 部首名 あお

浅
9画
- 音 セン中
- 訓 あさ(い)
- 部首 氵
- 部首名 さんずい

低
7画
- 音 テイ
- 訓 ひく(い)・ひく(める) ひく(まる)
- 部首 亻
- 部首名 にんべん

特
10画
- 音 トク
- 部首 牜
- 部首名 うしへん

博
12画
- 音 ハク バク高
- 部首 十
- 部首名 じゅう

必
5画
- 音 ヒツ
- 訓 かなら(ず)
- 部首 心
- 部首名 こころ

1 次の――線の**漢字の読み**を**ひらがなで**（　）に書きなさい。

❶ リレーで必死になって走る。
❷ 初回の授業《じゅぎょう》が始まった。
❸ 安静にして様子を見る。
❹ 友達との約束《やくそく》を必ず守る。
❺ 特大のスイカを食べる。
❻ 初めて馬に乗る。
❼ 気温が低下する。
❽ 清らかな水だ。
❾ いちまると博物館に行く。
❿ 浅い川も深くわたれ

/10

2 次の――線の**カタカナ**を**漢字**になおして（　）に書きなさい。

❶ このアタりは住みやすい。
❷ フク会長に指名された。
❸ 放カ後に友達と遊ぶ。
❹ ボク場で動物とふれ合う。
❺ 南キョク大陸に出発する。
❻ 海テイにトンネルを通す。
❼ 宿題の作文をセイ書する。
❽ 商店ガイで本を買う。
❾ ソウ庫から古い箱を出す。
❿ 学校の南ガワに池がある。

/10

10日目 様子・程度《ていど》にかかわる漢字（勇良冷）／動きにかかわる漢字（加改関観求）

勇
9画
- 読み：音 ユウ　訓 いさ(む)
- 部首：力
- 部首名：ちから

良
7画
- 読み：音 リョウ　訓 よ(い)
- 都道府県名《とどうふけんめい》：奈良《なら》
- 部首：良
- 部首名：ねづくり・こんづくり

冷
7画
- 読み：音 レイ　訓 つめ(たい)・ひ(える)・ひ(や)・ひ(やす)・ひ(やかす)・さ(める)・さ(ます)
- 部首：冫
- 部首名：にすい

加
5画
- 読み：音 カ　訓 くわ(える)・くわ(わる)
- 部首：力
- 部首名：ちから

改
7画
- 読み：音 カイ　訓 あらた(める)・あらた(まる)
- 部首：攵
- 部首名：のぶん・ぼくづくり

関
14画
- 読み：音 カン　訓 せき・かか(わる)
- 部首：門
- 部首名：もん・もんがまえ

観
18画
- 読み：音 カン
- 部首：見
- 部首名：みる

求
7画
- 読み：音 キュウ　訓 もと(める)
- 部首：水
- 部首名：みず

1

次の――線の**漢字の読み**を**ひらがなで**（　）に書きなさい。

① バスで市内を観光した。（　）
② 新年は気持ちが改まる。（　）
③ 白身魚を加工する。（　）
④ 列車のダイヤを改正した。（　）
⑤ 引き算の答えを求める。（　）
⑥ テストで良い点数を取る。（　）
⑦ 勇ましいかけ声がする。（　）
⑧ 食の安全に関心を持つ。（　）
⑨ 雨にぬれて体が冷える。（　）
⑩ 良薬は口ににがし（　）

／10

2

次の□の中に**漢字**を書き、**上のことばと反対や対**《つい》**になることば**を線でつなぎなさい。

① 最高・　　・□上（りく）
② 海上・　　・最□（てい）
③ 人工・　　・□食（ふく）
④ 熱い・　　・天□（ねん）
⑤ 主食・　　・□たい（つめ）

／5

2週目

ここにシールをはろう！

解答《かいとう》は別冊《べっさつ》4ページ

11日目

動きにかかわる漢字
（協競結固差散残借）

協

読み：音 キョウ

部首：十　部首名：じゅう

8画

協協協協協協協協

競

読み：音 キョウ・ケイ　訓 きそ(う)中　せ(る)高

部首：立　部首名：たつ

20画

競競競競競競競競競競
競競競競競競競競競競

結

読み：音 ケツ　訓 むす(ぶ)・ゆ(う)中　ゆ(わえる)中

部首：糸　部首名：いとへん

12画

結結結結結結結結結結
結結

固

読み：音 コ　訓 かた(める)　かた(まる)・かた(い)

部首：口　部首名：くにがまえ

8画

固固固固固固固固

差

読み：音 サ　訓 さ(す)

部首：工　部首名：え　たくみ

10画

差差差差差差差差差差

散

読み：音 サン　訓 ち(る)・ち(らす)　ち(らかす)・ち(らかる)

部首：攵　部首名：のぶん　ぼくづくり

12画

散散散散散散散散散散
散散

残

読み：音 ザン　訓 のこ(る)　のこ(す)

部首：歹　部首名：かばねへん　いちたへん　がつへん

10画

残残残残残残残残残残

借

読み：音 シャク　訓 か(りる)

部首：亻　部首名：にんべん

10画

借借借借借借借借借借

2週目

1

次の――線の**漢字の読み**を**ひらがなで**（　）に書きなさい。

/10

1 みんなの協力が必要だ。（　）
2 百メートル競走に出る。（　）
3 スニーカーのひもを結ぶ。（　）
4 料理に塩を加える。（　）
5 図書室で本を借りる。（　）
6 姉と散歩に出かける。（　）
7 まどから朝日が差しこむ。（　）
8 ゼリーを冷やして固める。（　）
9 ねじで家具を固定する。（　）
10 残り物には福がある（　）

2

次の――線の**カタカナ**に合う**漢字を**□から選《えら》んで（　）に**記号**で書きなさい。

/5

1 すしの注文を追**カ**する。（　）
ア加　イ家　ウ歌

2 **レイ**年通りの気温だ。（　）
ア冷　イ例　ウ礼

3 **キョウ**泳大会が開かれる。（　）
ア共　イ協　ウ競

4 母は電話の**サイ**中だ。（　）
ア菜　イ最　ウ祭

5 悪天**コウ**で行事が中止になった。（　）
ア功　イ港　ウ候

10 ここにシールをはろう！

解答《かいとう》は別冊《べっさつ》4ページ

12日目 復《ふく》習《しゅう》問題

1 同じ部首のなかまの漢字を線でつなぎなさい。

〈例〉亻……体・――・作

/5

1. 刂……列・　　・完
2. 宀……害・　　・積
3. 木……材・　　・副
4. 禾……種・　　・極
5. 亻……低・　　・借

2 次の――線のカタカナを漢字になおして（　）に書きなさい。

/10

1. 一点の**サ**で負けた。（　）
2. **トクシュウ**の記事を読む。（　）
3. 発表会が**セイコウ**する。（　）
4. **ユウキ**ある行動をする。（　）
5. 水に**カンケイ**のある漢字だ。（　）
6. 兄は**ドリョク**家だ。（　）
7. **ハツ**日の出を見に行く。（　）
8. 飛行機《ひこうき》が**チャクリク**した。（　）
9. 新しい店が**サイキン**できた。（　）
10. **ヒツヨウ**は発明の母（　）

2週目

3

次の――線のカタカナに合う漢字を後の［　］から選《えら》んで、記号で書きなさい。

❶ セイ流で魚つりをした。（　）
❷ 病後は安セイにする。（　）

［ア清　イ正　ウ静　エ晴］

❸ マラソンをカン走する。（　）
❹ 球場はカン客でいっぱいだ。（　）

［ア寒　イ完　ウ漢　エ観］

❺ 短歌を暗ショウする。（　）
❻ 部屋のショウ明をつける。（　）

［ア唱　イ省　ウ照　エ消］

／6

4

次の――線のカタカナを漢字になおして（　）に書きなさい。

❶ 徒《と》キョウソウで勝った。（　）
❷ モクヒョウを決める。（　）
❸ アリをカンサツする。（　）
❹ 犬をサンポに連《つ》れていく。（　）
❺ 町内の行事にサンカした。（　）
❻ 教室にノコって話す。（　）
❼ 海のアサいところで遊ぶ。（　）
❽ 元号がアラタまる。（　）
❾ 進学する意思をカタめる。（　）
❿ 返事をモトめる。（　）

／10

ここにシールをはろう！

解答《かいとう》は別冊《べっさつ》5ページ

漢字で遊ぼう！
3週目

わくわく広場 3

不《ふ》思《し》議《ぎ》な小道には、
すてきな漢字のタイルが
散りばめられているよ。
かんばんにあるタイルと
同じものを見つけて、◯をつけてね。

10

3週目に学ぶ漢字だよ

折続置伝飛付別変包浴連録希望愛案信念願泣

好祝笑満氏児孫仲徒夫民老健康栄養管衣印旗

解答《かいとう》は別冊《べっさつ》12ページ

10
ここにシールをはろう！

13日目

動きにかかわる漢字（折続置伝飛付別変）

漢字	画数	読み	部首	部首名
折	7画	音 セツ／訓 お(る)・おり、お(れる)	扌	てへん
続	13画	音 ゾク／訓 つづ(く)、つづ(ける)	糸	いとへん
置	13画	音 チ／訓 お(く)	罒	あみがしら あみめ よこめ
伝	6画	音 デン／訓 つた(わる)、つた(える)・つた(う)	亻	にんべん
飛	9画	音 ヒ／訓 と(ぶ)、と(ばす)	飛	とぶ
付	5画	音 フ／訓 つ(ける)、つ(く)	亻	にんべん
別	7画	音 ベツ／訓 わか(れる)	刂	りっとう
変	9画	音 ヘン／訓 か(わる)、か(える)	夂	すいにょう ふゆがしら

1

次の——線の**漢字の読み**を**ひらがな**で（　）に書きなさい。

/10

1. 季節が春から夏に変わる。（　）
2. テーブルの上に皿を置く。（　）
3. 今年もツルが飛来した。（　）
4. 駅伝のアンカーになった。（　）
5. 地図を折りたたむ。（　）
6. 自転車の放置は問題だ。（　）
7. 受付で名前を記入する。（　）
8. ごみの分別を心がける。（　）
9. 雨でも試合は続行された。（　）
10. 飛んで火に入る夏の虫（　）

2

次の**漢字**を〔　〕内のように読むとき、**送りがなのつけ方**が**正しいもの**を｛　｝の中から選《えら》んで書きなさい。

〈例〉大〔おおきい〕｛大きい・大い｝（大きい）

/4

1. 勇〔いさましい〕｛勇しい・勇ましい｝（　）
2. 必〔かならず〕｛必らず・必ず｝（　）
3. 別〔わかれる〕｛別れる・別る｝（　）
4. 続〔つづく〕｛続く・続づく｝（　）

3週目

10 ここにシールをはろう！

解答《かいとう》は別冊《べっさつ》5ページ

10 14日目

動きにかかわる漢字（包浴連録）／気持ちにかかわる漢字（希望愛案）

包

5画

読み　音 ホウ　訓 つつ(む)

部首 勹　部首名 つつみがまえ

包包包包包

浴

10画

読み　音 ヨク　訓 あ(びる)　あ(びせる)

部首 氵　部首名 さんずい

浴浴浴浴浴浴浴浴浴浴

連

10画

読み　音 レン　訓 つら(なる)　つら(ねる)・つ(れる)

部首 辶　部首名 しんにょう　しんにゅう

連連連連連連連連連連

録

16画

読み　音 ロク

部首 金　部首名 かねへん

録録録録録録録録録録録録録録録録

希

7画

読み　音 キ

部首 巾　部首名 はば

希希希希希希希

望

11画

読み　音 ボウ　モウ中　訓 のぞ(む)

部首 月　部首名 つき

望望望望望望望望望望望

愛

13画

読み　音 アイ　都道府県名《とどうふけんめい》 愛知《あいち》・愛媛《えひめ》

部首 心　部首名 こころ

愛愛愛愛愛愛愛愛愛愛愛愛愛

案

10画

読み　音 アン

部首 木　部首名 き

案案案案案案案案案案

1

次の――線の**漢字の読み**を**ひらがなで**（　）に書きなさい。

/10

1. 新しい包丁を使う。（　　）
2. 祭りは連日にぎわった。（　　）
3. 望み通りの進路に進む。（　　）
4. 愛犬の頭をなでる。（　　）
5. 希望を持ち続ける。（　　）
6. 公園の案内図を見る。（　　）
7. 包み紙をていねいに開く。（　　）
8. 太陽の光を体に浴びる。（　　）
9. 大会の新記録を出した。（　　）
10. 浴室のそうじをした。（　　）

2

上の漢字と下の［　］の中の漢字を組み合わせて**二字の熟語《じゅくご》を二つ作り、**（　）に**記号**で書きなさい。

/10

〈例〉校　［ア門　イ学　ウ海　エ体　オ読］
（イ）校・校（ア）

1. 固　［ア体　イ極　ウ良　エ材　オ強］
（　）固・固（　）
2. 求　［ア別　イ人　ウ要　エ改　オ然］
（　）求・求（　）
3. 差　［ア交　イ高　ウ左　エ別　オ区］
（　）差・差（　）
4. 加　［ア残　イ博　ウ参　エ省　オ工］
（　）加・加（　）
5. 録　［ア静　イ付　ウ画　エ変　オ観］
（　）録・録（　）

解答《かいとう》は別冊《べっさつ》5ページ

15日目

気持ちにかかわる漢字（信念願泣好祝笑満）

信

9画

読み　音 シン

部首　亻

部首名　にんべん

信信信信信信信信信

念

8画

読み　音 ネン

部首　心

部首名　こころ

念念念念念念念念

願

19画

読み　音 ガン　訓 ねが(う)

部首　頁

部首名　おおがい

願願願願願願願願願願願願願願願願願願願

泣

8画

読み　音 キュウ 中　訓 な(く)

部首　氵

部首名　さんずい

泣泣泣泣泣泣泣泣

好

6画

読み　音 コウ　訓 この(む)　す(く)

部首　女

部首名　おんなへん

好好好好好好

祝

9画

読み　音 シュク　シュウ 高　訓 いわ(う)

部首　ネ

部首名　しめすへん

祝祝祝祝祝祝祝祝祝

笑

10画

読み　音 ショウ 中　訓 わら(う)　え(む) 中

部首　⺮

部首名　たけかんむり

笑笑笑笑笑笑笑笑笑笑

満

12画

読み　音 マン　訓 み(ちる)　み(たす)

部首　氵

部首名　さんずい

満満満満満満満満満満満満

1

次の——線の**漢字の読み**を**ひらがなで**（　）に書きなさい。

① 一年の健康《けんこう》を願う。（　　）

② 念願の全国大会に出場した。（　　）

③ 教室に笑い声がひびく。（　　）

④ 今日は祝日だ。（　　）

⑤ うす味を好む。（　　）

⑥ 大声で泣く。（　　）

⑦ いちまるの好物はお肉だ。（　　）

⑧ 満開のサクラがきれいだ。（　　）

⑨ 試合に勝つ自信がある。（　　）

⑩ 念には念を入れよ（　　）

／10

2

次の各組《かくくみ》の——線の**漢字の読み**を**ひらがなで**（　）に書きなさい。

① 雲の形が変化した。（　　）

② 試合の流れが変わる。（　　）

③ エジソンの伝記を読む。（　　）

④ 母に学校の様子を伝える。（　　）

⑤ 包丁でレモンを切る。（　　）

⑥ プレゼントを包む。（　　）

⑦ テストの結果に満足する。（　　）

⑧ 希望に満ちている。（　　）

⑨ 三日連続して雨がふる。（　　）

⑩ 客が店の前に連なる。（　　）

／10

10 ここにシールをはろう！

解答《かいとう》は別冊《べっさつ》6ページ

16日目

人にかかわる漢字（氏児孫仲徒夫民老）

氏

読み：音 シ　訓 うじ 中

4画

氏氏氏氏

部首：氏　部首名：うじ

児

読み：音 ジ　ニ 中

都道府県名《とどうふけんめい》　鹿児島《かごしま》

7画

児児児児児児児

部首：儿　部首名：ひとあし　にんにょう

孫

読み：音 ソン　訓 まご

10画

孫孫孫孫孫孫孫孫孫孫

部首：子　部首名：こへん

仲

読み：音 チュウ 中　訓 なか

6画

仲仲仲仲仲仲

部首：亻　部首名：にんべん

徒

読み：音 ト

10画

徒徒徒徒徒徒徒徒徒徒

部首：彳　部首名：ぎょうにんべん

夫

読み：音 フ　フウ 中　訓 おっと

4画

夫夫夫夫

部首：大　部首名：だい

民

読み：音 ミン　訓 たみ 中

5画

民民民民民

部首：氏　部首名：うじ

老

読み：音 ロウ　訓 お(いる)　ふ(ける) 高

6画

老老老老老老

部首：耂　部首名：おいかんむり　おいがしら

練習問題

1 次の――線の**漢字の読み**を**ひらがな**で（　）に書きなさい。　/10

1 昔からの民話を語りつぐ。（　）
2 友好の輪《わ》を広げる。（　）
3 夫と手をつないで歩く。（　）
4 駅から徒歩で五分かかる。（　）
5 解答《かいとう》用紙に氏名を書く。（　）
6 みんなで仲良く登校する。（　）
7 おばあさんが孫と遊ぶ。（　）
8 全校の児童が集まった。（　）
9 老人会の行事に参加した。（　）
10 少年老いやすく学成りがたし（　）

2 次の――線の**カタカナ**を○の中の**漢字と送りがな（ひらがな）**で（　）に書きなさい。　/7

〈例〉㊣ **タダシイ**字を書く。（正しい）

1 ㊫ 家族の幸せを**ノゾム**。（　）
2 ㊊浴 冷たい水を**アビル**。（　）
3 ㊊笑 ほがらかに**ワラウ**。（　）
4 ㊊飛 シャボン玉を**トバス**。（　）
5 ㊊祝 中学入学を**イワウ**。（　）
6 ㊊好 あまい味を**コノム**。（　）
7 ㊊伝 よい結果を**ツタエル**。（　）

3週目

ここにシールをはろう！

解答《かいとう》は別冊《べっさつ》6ページ

17日目

健康・体にかかわる漢字（健康栄養管）／もの・道具にかかわる漢字（衣印旗）

健

読み	部首	部首名	画数
音 ケン 訓 すこ(やか) 中	亻	にんべん	11画

康

読み	部首	部首名	画数
音 コウ	广	まだれ	11画

栄

読み	部首	部首名	画数
音 エイ 訓 さか(える)・は(え) 高 は(える) 高	木	き	9画

養

読み	部首	部首名	画数
音 ヨウ 訓 やしな(う)	食	しょく	15画

管

読み	部首	部首名	画数
音 カン 訓 くだ	⺮	たけかんむり	14画

衣

読み	部首	部首名	画数
音 イ 訓 ころも 中	衣	ころも	6画

印

読み	部首	部首名	画数
音 イン 訓 しるし	卩	わりふ ふしづくり	6画

旗

読み	部首	部首名	画数
音 キ 訓 はた	方	ほうへん かたへん	14画

1 次の――線の**漢字の読み**を**ひらがな**で（　）に書きなさい。

/10

1. 宿場町として栄えた町だ。（　）
2. 健康に気をつけてくらす。（　）
3. 栄養のバランスを考える。（　）
4. 夜に水道管の工事がある。（　）
5. 見学の順路を矢印で表す。（　）
6. 衣類《るい》にアイロンをかける。（　）
7. 自国の国旗をかかげた。（　）
8. 泣き顔をかくそうとする。（　）
9. 三人の子どもを養う。（　）
10. 冬に満天の星を見る。（　）

2 次の――線の漢字の読みは**音読み(ア)**ですか、**訓読み(イ)**ですか。**記号**で（　）に書きなさい。

〈例〉力持《ちからも》ち（イ）

/10

1. 望《のぞ》む（　）
2. 希望《きぼう》（　）
3. 祝《いわ》う（　）
4. 祝電《しゅくでん》（　）
5. 願書《がんしょ》（　）
6. 願《ねが》う（　）
7. 校旗《こうき》（　）
8. 旗《はた》（　）
9. 折《お》れ線《せん》（　）
10. 左折《させつ》（　）

ここにシールをはろう！

18日目

復《ふく》習《しゅう》問題

1

次の漢字の**太い画**のところは**筆順の何画目**に書きますか。**算用数字**（1、2、3…）で（　）に書きなさい。

① 協（　）
② 残（　）
③ 差（　）
④ 勇（　）
⑤ 案（　）
⑥ 低（　）
⑦ 置（　）
⑧ 博（　）
⑨ 氏（　）
⑩ 徒（　）

／10

2

次の――線の**カタカナ**を**漢字**になおして（　）に書きなさい。

① チームは**レン**勝している。（　）
② **ジ**童会の会長になった。（　）
③ ゴッホの**デン**記を読む。（　）
④ 白鳥が空を**ト**ぶ。（　）
⑤ アリの行列が長く**ツヅ**く。（　）
⑥ 妹の**コウ**物はチーズだ。（　）
⑦ えんぴつのしんが**オ**れる。（　）
⑧ **イ**類《るい》をたんすにしまう。（　）
⑨ 二人目の**マゴ**が生まれた。（　）
⑩ **ナ**く子は育つ（　）

／10

3

次の**部首のなかまの漢字**として（　）にあてはまる**漢字一字**を、（　）に書きなさい。

〈例〉亻（にんべん）　（体《たい》）力・工（作《さく》）

❶ 亻（にんべん）　（　）《なか》良し・（　）《けん》康

❷ 心（こころ）　（　）《かん》覚・記（　）《ねん》

❸ 氵（さんずい）　遠（　）《あさ》・海水（　）《よく》

❹ ⺮（たけかんむり）　（　）《わら》い声・血（　）《かん》

／8

4

次の――線の**カタカナ**を**漢字**になおして（　）に書きなさい。

❶ 駅の**フ**近で待ち合わせる。（　）

❷ **シン**号が青になった。（　）

❸ 秋の天気は**カ**わりやすい。（　）

❹ 夜空に**マン**月がうかぶ。（　）

❺ 子犬の成長を記**ロク**する。（　）

❻ 住**ミン**の意見を集める。（　）

❼ **アイ**用のペンで書く。（　）

❽ かつて文明の**サカ**えた国だ。（　）

❾ 明日は**シュク**日で休みだ。（　）

❿ バスで**ロウ**人《じん》に席をゆずる。（　）

／10

3週目

10 ここにシールをはろう！

解答《かいとう》は別冊《べっさつ》6、7ページ

漢字で遊ぼう！
4週目

わくわく広場 4

たくさんの車やバイクが走っているよ。下の□にあるものと同じタイヤをさがして色をぬってね。タイヤといっしょに漢字も回っているから注意しよう。

10

4週目に学ぶ漢字だよ

鏡帯灯輪以各径昨周単類位億束兆量機械選挙

貨官議給便利法令漁郡建札労働産司治臣票府

解答《かいとう》は別冊《べっさつ》12ページ

10

ここにシールをはろう！

19日目

もの・道具にかかわる漢字（鏡帯灯輪）／時間・区切りにかかわる漢字（以各径昨）

鏡
- 19画
- 読み：音 キョウ／訓 かがみ
- 部首：金
- 部首名：かねへん

帯
- 10画
- 読み：音 タイ／訓 お(びる)　おび
- 部首：巾
- 部首名：はば

灯
- 6画
- 読み：音 トウ／訓 ひ 高
- 部首：火
- 部首名：ひへん

輪
- 15画
- 読み：音 リン／訓 わ
- 部首：車
- 部首名：くるまへん

以
- 5画
- 読み：音 イ
- 部首：人
- 部首名：ひと

各
- 6画
- 読み：音 カク／訓 おのおの 高
- 部首：口
- 部首名：くち

径
- 8画
- 読み：音 ケイ
- 部首：彳
- 部首名：ぎょうにんべん

昨
- 9画
- 読み：音 サク
- 部首：日
- 部首名：ひへん

1

次の――線の**漢字の読み**を**ひらがなで**（　）に書きなさい。

/10

1. 全国各地をたずねる。（　　）
2. ネコに首輪をつける。（　　）
3. 昨年の春の出来事だ。（　　）
4. 足に包帯をまく。（　　）
5. 鏡の前に立つ。（　　）
6. 灯油を買う。（　　）
7. いちまるは一輪車が得意《とくい》だ。（　　）
8. 以前から知っている人だ。（　　）
9. 円の半径をはかる。（　　）
10. 帯に短し　たすきに長し（　　）

2

上の漢字と下の□の中の漢字を組み合わせて**二字の熟語《じゅくご》を二つ作り、**（　）に**記号**で書きなさい。

/10

〈例〉校　［ア門　イ学　ウ海　エ体　オ読］
（イ）校・校（ア）

1. 念　［ア笑　イ願　ウ物　エ信　オ改］
（　）念・念（　）
2. 管　［ア血　イ以　ウ巣　エ飯　オ理］
（　）管・管（　）
3. 養　［ア害　イ休　ウ分　エ連　オ芽］
（　）養・養（　）
4. 灯　［ア台　イ覚　ウ愛　エ消　オ求］
（　）灯・灯（　）
5. 民　［ア市　イ白　ウ広　エ博　オ話］
（　）民・民（　）

20日目

時間・区切りにかかわる漢字（周単類）／数量・お金にかかわる漢字（位億束兆量）

漢字	読み	画数	部首	部首名
周	音 シュウ　訓 まわ(り)	8画	口	くち
単	音 タン	9画	⺍	つかんむり
類	音 ルイ　訓 たぐ(い)	18画	頁	おおがい
位	音 イ　訓 くらい	7画	イ	にんべん
億	音 オク	15画	イ	にんべん
束	音 ソク　訓 たば	7画	木	き
兆	音 チョウ　訓 きざ(す)高　きざ(し)高	6画	儿	ひとあし にんにょう
量	音 リョウ　訓 はか(る)	12画	里	さと

1

次の——線の**漢字の読み**を**ひらがな**で（　）に書きなさい。

1. 親類の家へとまりに行く。（　　）
2. 単位をそろえて計算する。（　　）
3. 駅の周辺に店が集まる。（　　）
4. 万の位まで数える。（　　）
5. 二億人が来場した。（　　）
6. 一兆は一億の一万倍だ。（　　）
7. 母の日に花束をおくる。（　　）
8. ダムの水位が上がる。（　　）
9. ごみの量をへらす。（　　）
10. 灯台もと暗し（　　）

／10

2

次の漢字の読みは、**音読み（ア）**ですか、**訓読み（イ）**ですか。**記号**で（　）に書きなさい。

〈例〉力《ちから》（イ）

1. 鏡《きょう》（　）
2. 単《たん》（　）
3. 兆《ちょう》（　）
4. 印《いん》（　）
5. 輪《わ》（　）
6. 周《しゅう》（　）
7. 各《かく》（　）
8. 帯《おび》（　）
9. 億《おく》（　）
10. 夫《おっと》（　）

／10

くらし・仕事にかかわる漢字
（機械選挙貨官議給）

機
16画
読み　音 キ　訓 はた 中
部首　木
部首名　きへん

械
11画
読み　音 カイ
部首　木
部首名　きへん

選
15画
読み　音 セン　訓 えら(ぶ)
部首　辶
部首名　しんにょう　しんにゅう

挙
10画
読み　音 キョ　訓 あ(げる)　あ(がる)
部首　手
部首名　て

貨
11画
読み　音 カ
部首　貝
部首名　かい　こがい

官
8画
読み　音 カン
部首　宀
部首名　うかんむり

議
20画
読み　音 ギ
部首　言
部首名　ごんべん

給
12画
読み　音 キュウ
部首　糸
部首名　いとへん

練習問題

1

次の――線の漢字の読みをひらがなで（　）に書きなさい。

1/10

① わたしの兄は外交官だ。（　）
② もうすぐ選挙が始まる。（　）
③ 委員会の議題を決定する。（　）
④ 農家の人がイネを束ねる。（　）
⑤ 世界中の金貨を集める。（　）
⑥ 来週は給食当番だ。（　）
⑦ 国の機関で調べてみる。（　）
⑧ 姉がけっこん式を挙げる。（　）
⑨ 拾ったクリの重さを量る。（　）
⑩ 機械の仕組みを知る。（　）

2

次の――線のカタカナに合う漢字を□から選んで（　）に記号で書きなさい。

/5

① 荷物の重リョウは五キロだ。（　）
　ア良　イ料　ウ量
② 望遠キョウで星を見る。（　）
　ア鏡　イ競　ウ協
③ 半ケイ三センチの円をかく。（　）
　ア径　イ景　ウ競
④ 自転車で左セツする。（　）
　ア節　イ折　ウ切
⑤ 家族で百カ店に行く。（　）
　ア課　イ加　ウ貨

4週目

ここにシールをはろう！

解答《かいとう》は別冊《べっさつ》7ページ

くらし・仕事にかかわる漢字（便利法令漁郡建札）

便
読み：音 ベン・ビン　訓 たよ(り)
9画
部首：亻　部首名：にんべん
便便便便便便便便便

利
読み：音 リ　訓 き(く) 高
7画
部首：刂　部首名：りっとう
利利利利利利利

法
読み：音 ホウ・ハッ 高・ホッ 高
8画
部首：氵　部首名：さんずい
法法法法法法法法

令
読み：音 レイ
5画
部首：人　部首名：ひとやね
令令令令令

漁
読み：音 ギョ・リョウ
14画
部首：氵　部首名：さんずい
漁漁漁漁漁漁漁漁漁漁漁漁漁漁

郡
読み：音 グン
10画
部首：阝　部首名：おおざと
郡郡郡郡郡郡郡郡郡郡

建
読み：音 ケン・コン 高　訓 た(てる)・た(つ)
9画
部首：廴　部首名：えんにょう
建建建建建建建建建

札
読み：音 サツ　訓 ふだ
5画
部首：木　部首名：きへん
札札札札札

練習問題

1 次の――線の**漢字の読み**を**ひらがな**で（　）に書きなさい。

①近くに店ができて便利だ。（　）
②さいふに千円札がある。（　）
③郡部へ住まいをうつす。（　）
④先生の号令で立ち上がる。（　）
⑤早朝から漁港がにぎわう。（　）
⑥駅前にビルを建てる。（　）
⑦今日は建国記念の日だ。（　）
⑧節電の方法を考える。（　）
⑨友達から便りがとどく。（　）
⑩百害あって一利なし（　）

／10

2 次の――線の**カタカナ**を**漢字**になおして（　）に書きなさい。

①歩いて五分**イ**内に着く。（　）
②駅の**イ**置をたしかめる。（　）
③世界各国の国**キ**を覚える。（　）
④飛行**キ**のチケットを買う。（　）
⑤材**リョウ**を用意する。（　）
⑥港から船が**リョウ**に出る。（　）
⑦父はけいさつ**カン**だ。（　）
⑧古い水道**カン**を工事する。（　）

／8

10
ここにシールをはろう！

解答《かいとう》は別冊《べっさつ》8ページ

くらし・仕事にかかわる漢字（労働産司治臣票府）

労
7画
音 ロウ
部首 力　部首名 ちから
労労労労労労労

働
13画
音 ドウ
訓 はたら(く)
部首 亻　部首名 にんべん
働働働働働働働働働働働働働

産
11画
音 サン
訓 う(む)・う(まれる)
うぶ 高
部首 生　部首名 うまれる
産産産産産産産産産産産

司
5画
音 シ
部首 口　部首名 くち
司司司司司

治
8画
音 ジ・チ
訓 おさ(める)・おさ(まる)
なお(る)・なお(す)
部首 氵　部首名 さんずい
治治治治治治治治

臣
7画
音 シン
ジン
部首 臣　部首名 しん
臣臣臣臣臣臣臣

票
11画
音 ヒョウ
部首 示　部首名 しめす
票票票票票票票票票票票

府
8画
音 フ
部首 广　部首名 まだれ
府府府府府府府府

1

次の——線の**漢字の読み**を**ひらがなで**（　）に書きなさい。

／10

1. 苦労して作品を仕上げる。（　　）
2. 法務《ほうむ》大臣のつとめを果たす。（　　）
3. 明日は朝から投票に行く。（　　）
4. バスの運転手として働く。（　　）
5. 学校行事の司会をする。（　　）
6. 米の産地として知られる。（　　）
7. 都道府県の名前を覚える。（　　）
8. 足のいたみが治まる。（　　）
9. かるた大会で札を取った。（　　）
10. 案ずるより産むがやすし（　　）

2

次の——線の**カタカナ**を○**の中の漢字と送りがな（ひらがな）**で（　）に書きなさい。

〈例〉（正）**タダシイ**字を書く。（正しい）

／7

1. （挙）元気よく手を**アゲル**。（　　）
2. （帯）空が赤みを**オビル**。（　　）
3. （養）体力を**ヤシナウ**。（　　）
4. （選）学級委員を**エラブ**。（　　）
5. （治）かぜを早めに**ナオス**。（　　）
6. （栄）港町として**サカエル**。（　　）
7. （満）湯船をお湯で**ミタス**。（　　）

4週目

ここにシールをはろう！

解答《かいとう》は別冊《べっさつ》8ページ

1

後の［　］の中のひらがなを漢字になおして、意味が反対や対《つい》になることば（対義語《たいぎ》）を書きなさい。［　］の中のひらがなは**一度だけ**使い、**漢字一字**を（　）に書きなさい。

〈例〉室内―室（外）

／5

① 敗北《はいぼく》―勝（　）
② 明日―（　）日
③ 起立―着（　）
④ 中心―（　）辺
⑤ 海路―（　）路

［さく・しゅう・せき・り・りく］

2

次の――線の**カタカナ**を**漢字**になおして（　）に書きなさい。

／10

① 円の**チョッケイ**を調べる。（　）
② **ダイジン**が質問《しつもん》に答える。（　）
③ チームの**ハタ**をかかげる。（　）
④ **ハタラ**きバチを観察する。（　）
⑤ 秋冬の**イフク**を整理した。（　）
⑥ 家族の**ケンコウ**を願う。（　）
⑦ 列車の**カモツ**をおろす。（　）
⑧ 八十点**イジョウ**を目指す。（　）
⑨ ビーズで**ユビワ**を作る。（　）
⑩ **カクジ**でごみを持ち帰る。（　）

3

次の**部首のなかまの漢字**として
あてはまる**漢字一字**を、（　）に
書きなさい。

〈例〉亻（にんべん）
（体《たい》）力・工（作《さく》）

1 灬（れんが・れっか）
（　）《しょう》明・天（　）《ねん》・高（　）《ねつ》

2 糸（いとへん）
（　）《けっ》果・連（　）《ぞく》・（　）《きゅう》食

3 言（ごんべん）
伝（　）《き》・教（　）《くん》・日（　）《か》
相（　）《だん》

／10

4

次の——線の**カタカナ**を**漢字**に
なおして（　）に書きなさい。

1 **ギョセン**が港に着く。（　）

2 かみの毛を二つに**タバ**ねる。（　）

3 予算は**イッチョウ**円だ。（　）

4 部屋の**デントウ**を消す。（　）

5 スタートの**イチ**につく。（　）

6 茶の**セイサン**地を見学する。（　）

7 全国で**センキョ**が行われる。（　）

8 正月は**シンルイ**が集まる。（　）

9 新しいクラスの**ナフダ**だ。（　）

10 先生が**カイギ**に出る。（　）

／10

4週目

10 ここにシールをはろう！

解答《かいとう》は別冊《べっさつ》8ページ

漢字で遊ぼう！

5週目

わくわく広場 5

今週は
どんな漢字を
学ぶまる？

ゆうびんやさんが、五つの小包を配達するよ。
順番表の通りに小包をとどけて、
ゆうびんきょくに帰ろう。
(同じ道は一度しか通れないよ。)

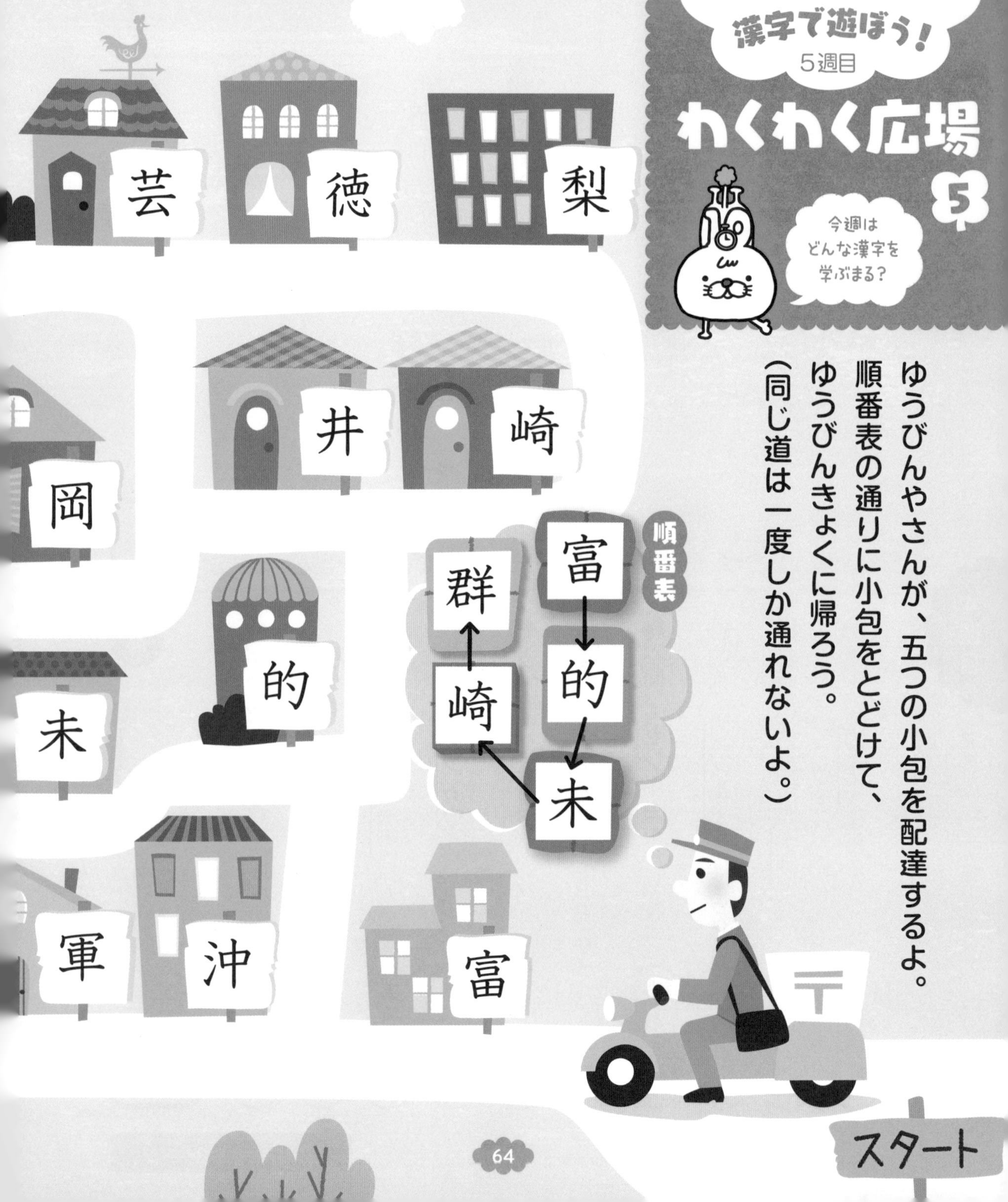

10
5週目に学ぶ漢字だよ

芸刷説軍隊戦争敗欠失不無的約末未茨城栃群埼奈
潟富井梨岐阜岡滋賀阪兵徳香媛佐崎熊鹿沖縄

解答《かいとう》は別冊《べっさつ》13ページ

10
ここにシールをはろう！

10 25 日目

芸術《げいじゅつ》にかかわる漢字（芸刷説）／歴史《れきし》・戦いにかかわる漢字（軍隊戦争敗）

芸

- 読み：音 ゲイ
- 部首：艹
- 部首名：くさかんむり
- 7画

芸芸芸芸芸芸芸

刷

- 読み：音 サツ　訓 す(る)
- 部首：刂
- 部首名：りっとう
- 8画

刷刷刷刷刷刷刷刷

説

- 読み：音 セツ　ゼイ高　訓 と(く)
- 部首：言
- 部首名：ごんべん
- 14画

説説説説説説説説説説説説説説

軍

- 読み：音 グン
- 部首：車
- 部首名：くるま
- 9画

軍軍軍軍軍軍軍軍軍

隊

- 読み：音 タイ
- 部首：阝
- 部首名：こざとへん
- 12画

隊隊隊隊隊隊隊隊隊隊隊隊

戦

- 読み：音 セン　訓 たたか(う)　いくさ中
- 部首：戈
- 部首名：ほこづくり　ほこがまえ
- 13画

戦戦戦戦戦戦戦戦戦戦戦戦戦

争

- 読み：音 ソウ　訓 あらそ(う)
- 部首：亅
- 部首名：はねぼう
- 6画

争争争争争争

敗

- 読み：音 ハイ　訓 やぶ(れる)
- 部首：攵
- 部首名：のぶん　ぼくづくり
- 11画

敗敗敗敗敗敗敗敗敗敗敗

1 次の――線の**漢字の読み**を**ひらがな**で（　）に書きなさい。

① 学芸会でダンスをする。（　）
② クリスマスカードを刷る。（　）
③ 姉が音楽隊に入った。（　）
④ 王者が新人に敗れる。（　）
⑤ 力を合わせて共に戦う。（　）
⑥ つな引きで勝負を争う。（　）
⑦ 小説を読むのが好きだ。（　）
⑧ 遠足のしおりを印刷する。（　）
⑨ 工作で軍手を使う。（　）
⑩ 芸は身を助ける（　）

／10

2 次の漢字の読みは、**音読み**（ア）ですか、**訓読み**（イ）ですか。**記号**で（　）に書きなさい。

〈例〉力《ちから》（イ）

① 鏡《かがみ》（　）
② 争《そう》（　）
③ 輪《わ》（　）
④ 労《ろう》（　）
⑤ 械《かい》（　）
⑥ 治《じ》（　）
⑦ 府《ふ》（　）
⑧ 束《たば》（　）
⑨ 敗《はい》（　）
⑩ 司《し》（　）

／10

10 ここにシールをはろう！

解答《かいとう》は別冊《べっさつ》9ページ

10/26日目

似《に》た意味の漢字（欠失不無）／似た形の漢字（的約末未）

欠

4画

読み：音 ケツ　訓 か(ける)　か(く)

欠欠欠欠

部首：欠　部首名：あくび　かける

失

5画

読み：音 シツ　訓 うしな(う)

失失失失失

部首：大　部首名：だい

不

4画

読み：音 フ　ブ

不不不不

部首：一　部首名：いち

無

12画

読み：音 ム　ブ　訓 な(い)

無無無無無無無無無無無無

部首：灬　部首名：れんが　れっか

的

8画

読み：音 テキ　訓 まと

的的的的的的的的

部首：白　部首名：しろ

約

9画

読み：音 ヤク

約約約約約約約約約

部首：糸　部首名：いとへん

末

5画

読み：音 マツ　バツ 高　訓 すえ

末末末末末

部首：木　部首名：き

未

5画

読み：音 ミ

未未未未未

部首：木　部首名：き

練習問題

1 次の――線の**漢字の読み**を**ひらがなで**（　）に書きなさい。

/10

1. うそをつくと信用を失う。（　）
2. 宿題の工作は未完成だ。（　）
3. あとで遊ぶ約束をした。（　）
4. わたしは末っ子だ。（　）
5. 台風で電話が不通だ。（　）
6. 弓矢で的をねらう。（　）
7. かぜで学校を欠席した。（　）
8. 落とした茶わんが欠ける。（　）
9. 予想が三回も的中した。（　）
10. 無理が通れば道理が引っこむ（　）

2 次の――線の**カタカナ**に合う**漢字**を□から選んで（　）に**記号**で書きなさい。

/5

1. 初めて投**ヒョウ**に行く。（　）
   ア標　イ表　ウ票
2. あらゆる方**ホウ**をためす。（　）
   ア法　イ包　ウ放
3. 会議の書類が**フ**足する。（　）
   ア夫　イ不　ウ付
4. 朝の号**レイ**をかける。（　）
   ア冷　イ令　ウ例
5. 旅館を予**ヤク**する。（　）
   ア薬　イ役　ウ約

5週目

10 ここにシールをはろう！

解答《かいとう》は別冊《べっさつ》9ページ

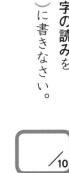

都道府県の漢字（茨城栃群埼奈潟富）

茨

9画

読み
訓 いばら
都道府県名 茨城《いばらき》

部首 艹
部首名 くさかんむり

城

9画

読み
音 ジョウ
訓 しろ
都道府県名 茨城《いばらき》・宮城《みやぎ》

部首 土
部首名 つちへん

栃

9画

読み
訓 とち
都道府県名 栃木《とちぎ》

部首 木
部首名 きへん

群

13画

読み
音 グン
訓 む(れる)・む(れ)・むら
都道府県名 群馬《ぐんま》

部首 羊
部首名 ひつじ

群群群

埼

11画

読み
訓 さい
都道府県名 埼玉《さいたま》

部首 土
部首名 つちへん

埼

奈

8画

読み
音 ナ
都道府県名 神奈川《かながわ》 奈良《なら》

部首 大
部首名 だい

潟

15画

読み
訓 かた
都道府県名 新潟《にいがた》

部首 氵
部首名 さんずい

潟潟潟潟

富

12画

読み
音 フ・フウ高
訓 と(む)・とみ
都道府県名 富山《とやま》

部首 宀
部首名 うかんむり

富富

1 次の——線の漢字の読みをひらがなで（　）に書きなさい。

① 茨城県の納豆《なっとう》はおいしい。（　　）
② 宮城県で牛タンを食べる。（　　）
③ 栃木県の日光《にっこう》市を旅する。（　　）
④ 群馬県で温泉《おんせん》に入る。（　　）
⑤ 埼玉県でとれたネギだ。（　　）
⑥ 神奈川県には中華街《ちゅうかがい》がある。（　　）
⑦ 奈良県の大仏《だいぶつ》を見に行く。（　　）
⑧ 新潟県は積雪量が多い。（　　）
⑨ 富山県の薬売りを調べる。（　　）
⑩ 鳥の群れが空を飛ぶ。（　　）

／10

2 次の部首のなかまの漢字として あてはまる漢字一字を、（　）に書きなさい。

〈例〉亻（にんべん）
（体《たい》）力・工（作《さく》）

① 艹（くさかんむり）
曲（　　）《げい》・（　　）《えい》語・新（　　）《め》

② 宀（うかんむり）
（　　）《かん》全・観（　　）《さつ》・外交（　　）《かん》

③ 阝（こざとへん）
（　　）《たい》員・（　　）《りく》上・病（　　）《いん》
太（　　）《よう》

／10

5週目

ここにシールをはろう！

28日目

都道府県の漢字（井梨岐阜岡滋賀阪）

井

4画

読み	
音	ショウ中・セイ高
訓	い
都道府県名	福井《ふくい》
部首	二
部首名	に

梨

11画

読み	
訓	なし
都道府県名	山梨《やまなし》
部首	木
部首名	き

岐

7画

読み	
音	キ中
都道府県名	岐阜《ぎふ》
部首	山
部首名	やまへん

阜

8画

読み	
音	フ
都道府県名	岐阜《ぎふ》
部首	阜
部首名	おか

岡

8画

読み	
訓	おか
都道府県名	静岡《しずおか》・岡山《おかやま》 福岡《ふくおか》
部首	山
部首名	やま

滋

12画

読み	
音	ジ中
都道府県名	滋賀《しが》
部首	氵
部首名	さんずい

賀

12画

読み	
音	ガ
都道府県名	滋賀《しが》・佐賀《さが》
部首	貝
部首名	かい こがい

阪

7画

読み	
音	ハン中
都道府県名	大阪《おおさか》
部首	阝
部首名	こざとへん

1 次の——線の**漢字の読み**を**ひらがなで**（　）に書きなさい。

❶ 福井県でカニを食べた。（　）
❷ 山梨県はブドウの産地だ。（　）
❸ いちまるが岐阜県に現《あらわ》れた。（　）
❹ 静岡県から富士山《ふじさん》に登る。（　）
❺ 岡山県で桃《もも》を育てる。（　）
❻ 福岡県でめんたいこを買う。（　）
❼ 滋賀県のびわ湖は大きい。（　）
❽ 大阪府のタコ焼きは絶品《ぜっぴん》だ。（　）
❾ 日本の城を見学する。（　）
❿ 変化に富む物語だ。（　）

／10

2 後の［　］の中のひらがなを漢字になおして、意味が反対や対《つい》になることば（対義《たいぎ》語）を書きなさい。［　］の中のひらがなは**一度だけ**使い、**漢字一字**を（　）に書きなさい。

〈例〉室内―室（外）

❶ 有名―（　）名
❷ 出席―（　）席
❸ 平和―戦（　）
❹ 決定―（　）定
❺ 先生―生（　）

［けっ・そう・と・み・む］

／5

解答《かいとう》は別冊《べっさつ》9ページ

5週目

10 ここにシールをはろう！

10
29
日目

都道府県の漢字（兵徳香媛佐崎熊鹿沖縄）

兵

7画

読み
音 ヘイ ヒョウ
都道府県名 兵庫《ひょうご》

部首 八
部首名 は

徳

14画

読み
音 トク
都道府県名 徳島《とくしま》

部首 彳
部首名 ぎょうにんべん

徳徳徳徳

香

9画

読み
音 コウ中・キョウ高
訓 か・かお(り)・かお(る)
都道府県名 香川《かがわ》

部首 香
部首名 か かおり

媛

12画

読み
音 エン中
都道府県名 愛媛《えひめ》

部首 女
部首名 おんなへん

媛媛

崎

11画

読み
訓 さき
都道府県名 長崎《ながさき》・宮崎《みやざき》

部首 山
部首名 やまへん

崎

熊

14画

読み
訓 くま
都道府県名 熊本《くまもと》

部首 灬
部首名 れんが れっか

鹿

11画

読み
訓 しか か
都道府県名 鹿児島《かごしま》

部首 鹿
部首名 しか

鹿

沖

7画

読み
音 チュウ高
訓 おき
都道府県名 沖縄《おきなわ》

部首 氵
部首名 さんずい

練習問題

佐

7画

音 サ

都道府県名 佐賀《さが》

読み

佐佐佐佐佐佐佐

部首 亻

部首名 にんべん

縄

15画

音 ジョウ 中

訓 なわ

都道府県名 沖縄《おきなわ》

読み

縄縄縄縄縄縄縄縄縄縄縄縄縄縄縄

部首 糸

部首名 いとへん

1 次の――線の**漢字の読み**を**ひらがなで**（　）に書きなさい。

／14

1 兵庫県の姫路城《ひめじじょう》は見事だ。（　）

2 徳島県はうずしおが有名だ。（　）

3 香川県でうどんを打つ。（　）

4 愛媛県からミカンがとどく。（　）

5 佐賀県で有明海《ありあけかい》を見る。（　）

6 カステラは長崎県の名物だ。（　）

7 宮崎県でマンゴーを作る。（　）

8 熊本県には火山がある。（　）

9 鹿児島県の屋久島《やくしま》へ行く。（　）

10 沖縄県の美しい海を泳ぐ。（　）

11 次は道徳の時間だ。（　）

12 あの庭は花の香りがする。（　）

13 二そうの船が沖に出る。（　）

14 縄の結び方を練習する。（　）

5週目

10 ここにシールをはろう！

10 30日目

復《ふく》習《しゅう》問題

1 次の――線の**カタカナ**を**漢字**になおして（　）に書きなさい。

／8

① 青い熱**タイ**魚をながめる。（　　）

② 姉は音楽**タイ**の一員だ。（　　）

③ 算数の**サン**考書を買う。（　　）

④ 夕方に**サン**歩に出る。（　　）

⑤ ポスターを印**サツ**する。（　　）

⑥ 駅の改**サツ**口に向かう。（　　）

⑦ 戦**ソウ**のない世界を望む。（　　）

⑧ 道具を**ソウ**庫にしまう。（　　）

2 次の――線の**カタカナ**を**漢字**になおして（　）に書きなさい。

／10

① 島根県のお**シロ**を見に行く。（　　）

② レストランを予**ヤク**する。（　　）

③ 週**マツ**に家族と出かける。（　　）

④ 古い校舎《こうしゃ》を**タ**てかえる。（　　）

⑤ **ナシ**の皮をきれいにむく。（　　）

⑥ 校庭を一**シュウ**する。（　　）

⑦ その計画は失**パイ**した。（　　）

⑧ 年**ガ**はがきが発売される。（　　）

⑨ 木材を**ナワ**でしばる。（　　）

⑩ 地球の**ミ**来を考える。（　　）

3

次の上の漢字の**太い画**のところは**筆順の何画目**か、下の漢字の**総画数《そうかくすう》は何画**か、**算用数字**（1、2、3…）で（　）に書きなさい。

〈例〉正（3）

1 **臣**（　）（　）
2 **漁**（　）（　）
3 **熊**（　）（　）
4 **郡**（　）（　）
5 **産**（　）（　）

〈例〉字（6）

6 兵（　）
7 働（　）
8 奈（　）
9 滋（　）
10 徳（　）

／10

4

次の——線の**カタカナ**を**漢字**になおして（　）に書きなさい。

1 羊の**ム**れをながめる。（　）
2 **オキ**にヨットがただよう。（　）
3 積極**テキ**に手を挙げる。（　）
4 気温が**ヒク**くなってきた。（　）
5 ゲームの**セツ**明書を読む。（　）
6 **イ**戸の水をくみ上げる。（　）
7 **グン**手をして荷物を運ぶ。（　）
8 公園で**シカ**にえさをやる。（　）
9 全国の都道**フ**県を回る。（　）
10 **シ**会者が登場する。（　）

／10

5週目

10 ここにシールをはろう！

解答《かいとう》は別冊《べっさつ》10ページ

おうちの方へ 「漢検」受検の際の注意点

【字の書き方】

問題の答えは楷書で大きくはっきり書きなさい。乱雑な字や続け字、また、行書体や草書体のようにくずした字は採点の対象とはしません。

特に漢字の書き取り問題では、答えの文字は教科書体をもとにして、はねるところ、とめるところなどもはっきり書きましょう。また、画数に注意して、一画一画を正しく、明確に書きなさい。

《例》

○熱　×熱

○言　×言

○糸　×糸

【字種・字体について】

(1)日本漢字能力検定2～10級においては、「常用漢字表」に示された字種で書きなさい。つまり、表外漢字（常用漢字表にない漢字）を用いると、正答とは認められません。

《例》

○交差点　×交叉点　（「叉」が表外漢字）

○寂しい　×淋しい　（「淋」が表外漢字）

(2)日本漢字能力検定2～10級においては、「常用漢字表」に示された字体で書きなさい。なお、「常用漢字表」に参考として示されている康熙《こうき》字典体など、旧字体と呼ばれているものを用いると、正答とは認められません。

《例》

○真　×眞

○飲　×飮

○弱　×弱

○渉　×涉

○迫　×迫

(3)一部例外として、平成22年告示「常用漢字表」で追加された字種で、許容字体として認められているものや、その筆写文字と印刷文字との差が習慣の相違に基づくとみなせるものは正答と認めます。

《例》

餌 → 餌 と書いても可

遜 → 遜 と書いても可

葛 → 葛 と書いても可

溺 → 溺 と書いても可

箸 → 箸 と書いても可

注意

(3)において、どの漢字が当てはまるかなど、一字一字については、当協会発行図書（2級対応のもの）掲載の漢字表で確認してください。

テストにチャレンジ！

今までの学習の総《そう》まとめをしてみましょう。

検定《けんてい》を受けるときに気をつけることを記しました。これを読んでから、実際《じっさい》の検定のつもりで問題をといてください。

- 7級の検定時間は60分です。合図があるまで、始めてはいけません。
- 7級の検定の問題用紙と答案用紙は、別になっています。答えは問題用紙ではなく、答案用紙に書きなさい。
- 答えは、HB・B・2Bのえんぴつまたはシャープペンシルで書きなさい。（ボールペンや万年筆などは使わないこと）
- 答えは、楷書《かいしょ》でわく内いっぱいに、大きくはっきり書きなさい。特に漢字の書きとり問題では、はねるところ・とめるところなど、はっきり書きなさい。行書体や草書体のようにくずした字や、らんざつな字は答えとしてみとめられません。

テストの見方

「テストにチャレンジ！」は、段《だん》ごとに右ページから左ページへつづけて見てください。

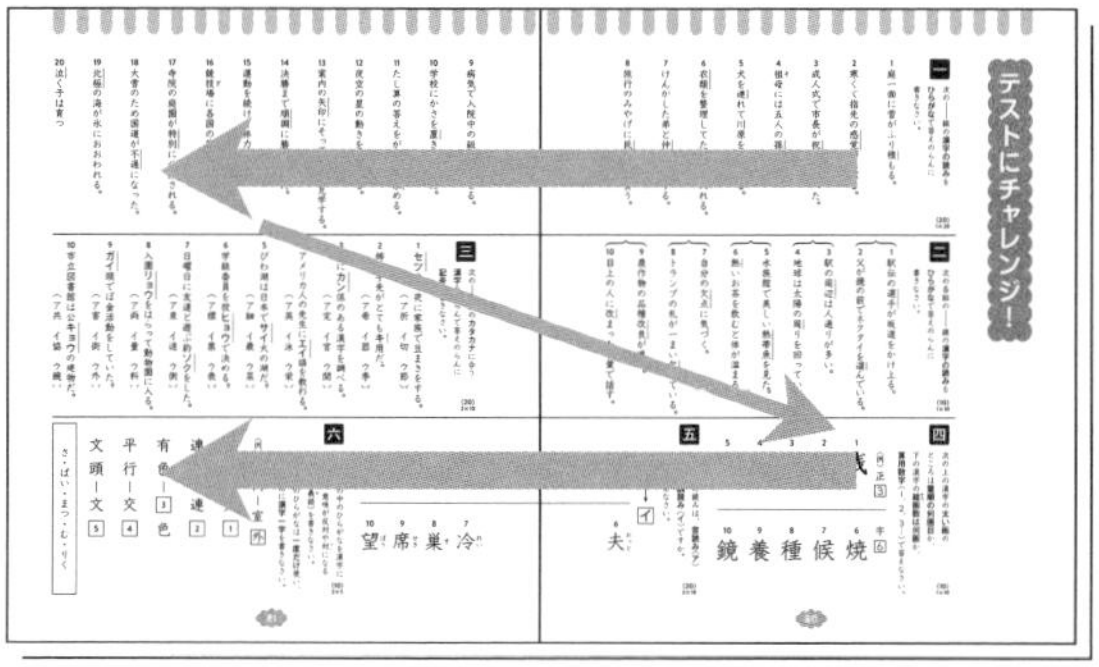

テストにチャレンジ!

一

次の——線の**漢字の読み**を**ひらがな**で答えのらんに書きなさい。

(20) 1×20

1 庭一面に雪がふり積もる。

2 寒くて指先の感覚がにぶる。

3 成人式で市長が祝辞をのべた。

4 祖《そ》母には五人の孫がいる。

5 犬を連れて川原を散歩する。

6 衣類を整理してたんすに入れる。

7 けんかした弟と仲直りをする。

8 旅行のみやげに民芸品を買う。

二

次の各組の——線の**漢字の読み**を**ひらがな**で答えのらんに書きなさい。

(10) 1×10

1 駅伝の選手が坂道をかけ上る。
2 父が鏡の前でネクタイを選んでいる。

3 駅の周辺は人通りが多い。
4 地球は太陽の周りを回っている。

5 水族館で美しい熱帯魚を見た。
6 熱いお茶を飲むと体が温まる。

7 自分の欠点に気づく。
8 トランプの札が一まい欠けている。

9 農作物の品種改良が進む。
10 目上の人に改まった言葉で話す。

四

次の上の漢字の**太い画**のところは**筆順の何画目**か、下の漢字の**総《そう》画数は何画**か、**算用数字**（1、2、3…）で答えなさい。

(10) 1×10

〈例〉正 [3]　字 [6]

1 浅　2 争　3 量　4 帯　5 初

6 焼　7 候　8 種　9 養　10 鏡

五

次の漢字の読みは、**音読み**（ア）ですか、**訓読み**（イ）ですか。**記号**で答えなさい。

(20) 2×10

〈例〉力《ちから》→ イ

1 塩《えん》

6 夫《おっと》

9 病気で入院中の級友を案じる。

10 学校にかさを置きわすれた。

11 たし算の答えをがい数で求める。

12 夜空の星の動きを観察する。

13 案内の矢印にそって館内を見学する。

14 決勝まで順調に勝ち進んだ。

15 運動を続けて体力を養う。

16 競技《ぎ》場に各国の旗がならぶ。

17 寺院の庭園が特別に公開される。

18 大雪のため国道が不通になった。

19 北極の海が氷におおわれる。

20 泣く子は育つ

三

次の——線の**カタカナ**に合う**漢字**をえらんで答えのらんに**記号**で書きなさい。

(20) 2×10

1 **セツ**分の夜に家族で豆まきをする。
（ア折　イ切　ウ節）

2 姉は手先がとても**キ**用だ。
（ア希　イ器　ウ季）

3 水に**カン**係のある漢字を調べる。
（ア完　イ官　ウ関）

4 アメリカ人の先生に**エイ**語を教わる。
（ア英　イ泳　ウ栄）

5 びわ湖は日本で**サイ**大の湖だ。
（ア細　イ最　ウ菜）

6 学級委員を投**ヒョウ**で決める。
（ア標　イ票　ウ表）

7 日曜日に友達と遊ぶ約**ソク**をした。
（ア束　イ速　ウ側）

8 入園**リョウ**をはらって動物園に入る。
（ア両　イ量　ウ料）

9 **ガイ**頭でぼ金活動をしていた。
（ア害　イ街　ウ外）

10 市立図書館は公**キョウ**の建物だ。
（ア共　イ協　ウ鏡）

---

2 管《くだ》

3 芽《め》

4 努《ど》

5 松《まつ》

7 冷《れい》

8 巣《す》

9 席《せき》

10 望《ぼう》

六

後の□の中のひらがなを漢字になおして、意味が反対や対《つい》になることば（対義《ぎ》語）を書きなさい。□の中のひらがなは**一度だけ**使い、答えのらんに**漢字一字**を書きなさい。

(10) 2×5

〈例〉室内—室 外

海洋—大 1

連勝—連 2

有色—3 色

平行—交 4

文頭—文 5

さ・ぱい・まつ・む・りく

七

次の――線の**カタカナ**を○**の中の漢字と送りがな（ひらがな）**で答えのらんに書きなさい。

(14)
2×7

〈例〉 (正) **タダシイ**字を書く。 正しい

1 (加) スープに塩を**クワエル**。

2 (治) 指のきずが**ナオル**。

3 (静) **シズカナ**部屋で勉強する。

4 (付) 上着にボタンを**ツケル**。

5 (飛) 紙飛行機を**トバス**。

6 (試) 他の方法を**ココロミル**。

7 (争) 徒競走で先頭を**アラソウ**。

九

次の――線の**カタカナ**を**漢字**になおして答えのらんに書きなさい。

(16)
2×8

1 算数で面積の単**イ**を習う。

2 この曲は**イ**前に聞いたことがある。

3 下書きした作文を**セイ**書する。

4 一日の学校生活を反**セイ**した。

5 実験の結**カ**をノートに記入する。

6 長い**カ**物列車が鉄橋をわたる。

7 部屋の**ショウ**明を明るくする。

8 合**ショウ**コンクールの自由曲を歌う。

十一

次の――線の**カタカナ**を**漢字**になおして答えのらんに書きなさい。

(40)
2×20

1 公園の梅がまもなく**マン**開になる。

2 今週も気温の**ヒク**い日が続く。

3 正月に家族で神社にお**マイ**りした。

4 電車のまどから風**ケイ**をながめる。

5 **ロク**画していたスポーツ番組を見る。

6 うそをつくと信用を**ウシナ**う。

7 兄は**ネガ**いがかなって留《りゅう》学した。

8 みんなの荷物を一か所に**カタ**めて置く。

9 けがをした足に**ホウ**帯をまく。

10 おもしろい話を聞いて大**ワラ**いした。

八

次の**部首のなかまの漢字**で□にあてはまる**漢字一字**を、答えのらんに書きなさい。 (20) 2×10

〈例〉 亻（にんべん） 体《たい》力・工作《さく》

ア 言（ごんべん）

小[1]《せつ]》・会[2]《ぎ》

放[3]《か》後

イ 心（こころ）

[4]《ひつ》要・[5]《あい》犬・残[6]《ねん》

ウ 广（まだれ）

倉[7]《こ》・健[8]《こう》・船[9]《ぞこ》

都道[10]《ふ》県

十

上の漢字と下の□の中の漢字を組み合わせて**二字のじゅく語を二つ作り**、答えのらんに**記号**で書きなさい。 (20) 2×10

〈例〉 校　ア門 イ学 ウ海 エ体 オ読　イ校・校ア

一、的　ア功 イ上 ウ信 エ中 オ目　[1]的・的[2]

二、漁　ア大 イ械 ウ業 エ郡 オ乗　[3]漁・漁[4]

三、浴　ア卒 イ入 ウ登 エ径 オ室　[5]浴・浴[6]

四、挙　ア手 イ練 ウ司 エ選 オ労　[7]挙・挙[8]

五、変　ア発 イ形 ウ不 エ然 オ望　[9]変・変[10]

11 春の七草を百科事**テン**で調べる。

12 ほねや関節の**ハタラ**きを学習する。

13 **キュウ**食にビーフシチューが出た。

14 となりの席の人にえん筆を**カ**りる。

15 先生の号**レイ**で行進を始める。

16 試合に向けて作**セン**を練る。

17 地下鉄が開通して便**リ**になった。

18 建築《ちく》用の木**ザイ**をトラックで運ぶ。

19 日本の人口は約一**オク**三千万だ。

20 **ス**きこそ物の上手なれ

※2018年度第3回検定《けんてい》問題

解答《かいとう》は別冊《べっさつ》14、15ページ

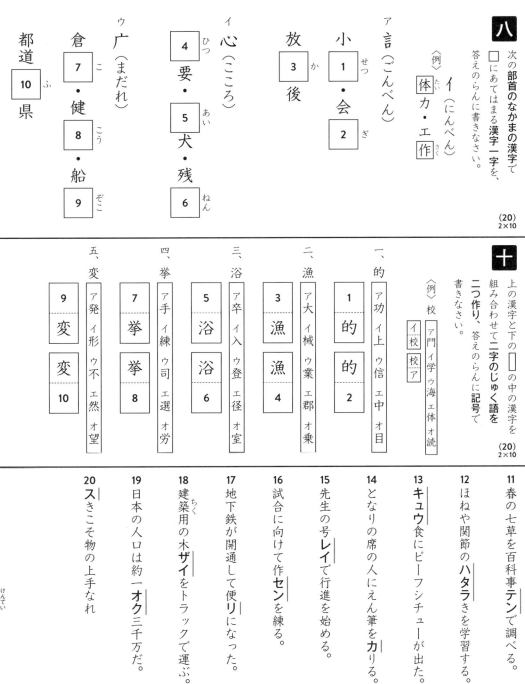

テストにチャレンジ! 答案用紙

※実際《じっさい》の検定《けんてい》での用紙の大きさとは異《こと》なります。

一 読み (20) 1×20

1	2	3	4	5	6	7	8	9	10

二 読み (10) 1×10

1	2	3	4	5	6	7	8	9	10

四 画数(算用数字) (10) 1×10

1	2	3	4	5	6	7	8	9	10
何画目					総《そう》画数				

五 音読み・訓読み(記号) (20) 2×10

1	2

七 漢字と送りがな(ひらがな) (14) 2×7

1	2	3	4	5	6	7

九 同じ読みの漢字 (16) 2×8

1	2	3	4	5	6	7	8

十 漢字 (40) 2×20

1	2	3	4	5	6	7	8	9	10

20	19	18	17	16	15	14	13	12	11

三 漢字えらび(記号) (20)

10	9	8	7	6	5	4	3	2	1

2×10

10	9	8	7	6	5	4	3

六 対義《ぎ》語(一字) (10)

5	4	3	2	1

2×5

八 同じ部首の漢字 (20)

ウ				イ			ア		
10	9	8	7	6	5	4	3	2	1

2×10

十 じゅく語作り(記号) (20)

五		四		三		二		一	
10	9	8	7	6	5	4	3	2	1

2×10

20	19	18	17	16	15	14	13	12	11

／200

部首一《いち》覧《らん》表

表の上には部首を画数順に配列し、下には漢字の中で占《し》める位置によって形が変化するものや特別な名称《めいしょう》を持つものを示《しめ》す。

偏《へん》…
旁《つくり》…
冠《かんむり》…
脚《あし》…
垂《たれ》…
繞《にょう》…
構《かまえ》…

画数	番号	部首	字形	位置	名称
一画	1	【一】	一		いち
	2	【丨】	丨		ぼう たてぼう
	3	【丶】	丶		てん
	4	【丿】	丿		の はらいぼう
	5	【乙】	乙		おつ
			乚		おつ
	6	【亅】	亅		はねぼう
二画	7	【二】	二		に
	8	【亠】	亠		なべぶた けいさんかんむり
	9	【人】	人		ひと
			亻		にんべん
			𠆢		ひとやね
	10	【入】	入		いる
	11	【儿】	儿		ひとあし にんにょう
	12	【八】	八		はち
			八		は
	13	【冂】	冂		どうがまえ けいがまえ まきがまえ
	14	【冖】	冖		わかんむり
	15	【冫】	冫		にすい
	16	【几】	几		つくえ
	17	【凵】	凵		うけばこ
	18	【刀】	刀		かたな
			刂		りっとう
	19	【力】	力		ちから
	20	【勹】	勹		つつみがまえ
	21	【匕】	匕		ひ
	22	【匚】	匚		はこがまえ
	23	【匸】	匸		かくしがまえ
	24	【十】	十		じゅう
	25	【卜】	卜		と うらない
	26	【卩】	卩		わりふ ふしづくり
			㔾		わりふ ふしづくり
	27	【厂】	厂		がんだれ
	28	【厶】	厶		む
	29	【又】	又		また
三画	30	【口】	口		くち
			口		くちへん
	31	【囗】	囗		くにがまえ
	32	【土】	土		つち
			土		つちへん
	33	【士】	士		さむらい
	34	【夂】	夂		すいにょう ふゆがしら
	35	【夕】	夕		た ゆうべ
	36	【大】	大		だい
	37	【女】	女		おんな
			女		おんなへん
	38	【子】	子		こ
			子		こへん
	39	【宀】	宀		うかんむり
	40	【寸】	寸		すん
	41	【小】	小		しょう
			⺌		しょう
	42	【尢】	尢		だいのまげあし
	43	【尸】	尸		かばね しかばね
	44	【屮】	屮		てつ
	45	【山】	山		やま
			山		やまへん
	46	【川】	川		かわ
			巛		かわ
	47	【工】	工		え たくみ
			工		たくみへん
	48	【己】	己		おのれ
	49	【巾】	巾		はば
			巾		はばへん きんべん

番号	部首	字形	名前
50	【干】	干	かん いちじゅう
51	【幺】	幺	よう いとがしら
52	【广】	广	まだれ
53	【廴】	廴	えんにょう
54	【廾】	廾	こまぬき にじゅうあし
55	【弋】	弋	しきがまえ
56	【弓】	弓	ゆみ
		弓	ゆみへん
57	【彐】	彑	けいがしら
58	【彡】	彡	さんづくり
59	【彳】	彳	ぎょうにんべん
60	【⺍】	⺍	つかんむり

忄↓心　扌↓手　氵↓水　犭↓犬　艹↓艸　辶↓辵　阝(旁)↓邑　阝(偏)↓阜

四画

番号	部首	字形	名前
61	【心】	心	こころ
		忄	りっしんべん
		⺗	したごころ
62	【戈】	戈	ほこづくり ほこがまえ
63	【戸】	戸	と
		戸	とだれ とかんむり
64	【手】	手	て
		扌	てへん
65	【支】	支	し
66	【攴】	攵	のぶん ぼくづくり
67	【文】	文	ぶん
68	【斗】	斗	とます
69	【斤】	斤	きん
		斤	おのづくり
70	【方】	方	ほう
		方	ほうへん かたへん
71	【日】	日	ひ
		日	ひへん
72	【曰】	曰	ひらび いわく
73	【月】	月	つき
		月	つきへん
74	【木】	木	き
		木	きへん
75	【欠】	欠	あくび かける
76	【止】	止	とめる
77	【歹】	歹	かばねへん いちたへん がつへん
78	【殳】	殳	るまた ほこづくり
79	【毋】	母	なかれ
80	【比】	比	ならびひ くらべる
81	【毛】	毛	け
82	【氏】	氏	うじ
83	【气】	气	きがまえ
84	【水】	水	みず
		氵	さんずい
		氺	したみず
85	【火】	火	ひ
		火	ひへん
		灬	れんが れっか
86	【爪】	爪	つめ
		爫	つめかんむり つめがしら
87	【父】	父	ちち
88	【片】	片	かた
88	【片】	片	かたへん
89	【牙】	牙	きば
90	【牛】	牛	うし
		牛	うしへん
91	【犬】	犬	いぬ
		犭	けものへん

王・𤣩↓玉　礻↓示　耂↓老　辶↓辵

五画

番号	部首	字形	名前
92	【玄】	玄	げん
93	【玉】	玉	たま
		王	おう
		𤣩	おうへん たまへん
94	【瓦】	瓦	かわら
95	【甘】	甘	かん あまい
96	【生】	生	うまれる
97	【用】	用	もちいる
98	【田】	田	た
		田	たへん
99	【疋】	疋	ひき

99	【𤴔】	𤴔	ひきへん
100	【疒】	疒	やまいだれ
101	【癶】	癶	はつがしら
102	【白】	白	しろ
103	【皮】	皮	けがわ
104	【皿】	皿	さら
105	【目】	目	め
		目	めへん
106	【矛】	矛	ほこ
107	【矢】	矢	や
		矢	やへん
108	【旡】	旡	なし ぶ すでのつくり
109	【石】	石	いし
		石	いしへん
110	【示】	示	しめす
		礻	しめすへん
111	【禾】	禾	のぎ
		禾	のぎへん
112	【穴】	穴	あな
112	【穴】	穴	あなかんむり
113	【立】	立	たつ
		立	たつへん
		氺→水 衤→衣 罒→网	
六画			
114	【竹】	竹	たけ
		⺮	たけかんむり
115	【米】	米	こめ
		米	こめへん
116	【糸】	糸	いと
		糸	いとへん
117	【缶】	缶	ほとぎ
118	【网】	罒	あみがしら あみめ よこめ
119	【羊】	羊	ひつじ
120	【羽】	羽	はね
121	【老】	耂	おいかんむり おいがしら
122	【而】	而	しかして しこうして
123	【耒】	耒	すきへん らいすき
124	【耳】	耳	みみ
124	【耳】	耳	みみへん
125	【聿】	聿	ふでづくり
126	【肉】	肉	にく
		月	にくづき
127	【自】	自	みずから
128	【至】	至	いたる
129	【臼】	臼	うす
130	【舌】	舌	した
131	【舟】	舟	ふね
		舟	ふねへん
132	【艮】	艮	ねづくり こんづくり
133	【色】	色	いろ
134	【艸】	艹	くさかんむり
135	【虍】	虍	とらがしら とらかんむり
136	【虫】	虫	むし
		虫	むしへん
137	【血】	血	ち
138	【行】	行	ぎょう
		行	ぎょうがまえ ゆきがまえ
139	【衣】	衣	ころも
		衤	ころもへん
140	【襾】	西	にし
		覀	おおいかんむり
七画			
141	【見】	見	みる
142	【臣】	臣	しん
143	【角】	角	かく つの
		角	つのへん
144	【言】	言	げん
		言	ごんべん
145	【谷】	谷	たに
146	【豆】	豆	まめ
147	【豕】	豕	ぶた いのこ
148	【豸】	豸	むじなへん
149	【貝】	貝	かい こがい
		貝	かいへん
150	【赤】	赤	あか
151	【走】	走	はしる

151	【走】	走	そうにょう
152	【足】	足	あし
		𧾷	あしへん
153	【身】	身	み
154	【車】	車	くるま
		車	くるまへん
155	【辛】	辛	からい
156	【辰】	辰	しんのたつ
157	【辵】	辶	しんにょう しんにゅう
		辶	しんにょう しんにゅう
158	【邑】	阝	おおざと
159	【酉】	酉	ひよみのとり
		酉	とりへん
160	【釆】	釆	のごめ
		釆	のごめへん
161	【里】	里	さと
		里	さとへん
162	【舛】	舛	まいあし
163	【麦】	麦	むぎ
163	【麦】	麦	ばくにょう
八画			
164	【金】	金	かね
		金	かねへん
165	【長】	長	ながい
166	【門】	門	もん
		門	もんがまえ
167	【阜】	阜	おか
		阝	こざとへん
168	【隶】	隶	れいづくり
169	【隹】	隹	ふるとり
170	【雨】	雨	あめ
		雨	あめかんむり
171	【青】	青	あお
172	【非】	非	あらず ひ
173	【斉】	斉	せい
九画			
174	【面】	面	めん
175	【革】	革	かくのかわ つくりがわ
175	【革】	革	かわへん
176	【音】	音	おと
177	【頁】	頁	おおがい
178	【風】	風	かぜ
179	【飛】	飛	とぶ
180	【食】	食	しょく
		食	しょくへん
		飠	しょくへん
181	【首】	首	くび
182	【香】	香	か かおり
十画			
183	【馬】	馬	うま
		馬	うまへん
184	【骨】	骨	ほね
		骨	ほねへん
185	【高】	高	たかい
186	【髟】	髟	かみがしら
187	【鬯】	鬯	ちょう
188	【鬼】	鬼	おに
188	【鬼】	鬼	きにょう
189	【韋】	韋	なめしがわ
190	【竜】	竜	りゅう
十一画			
191	【魚】	魚	うお
		魚	うおへん
192	【鳥】	鳥	とり
193	【鹿】	鹿	しか
194	【麻】	麻	あさ
195	【黄】	黄	き
196	【黒】	黒	くろ
197	【亀】	亀	かめ
十二画			
198	【歯】	歯	は
		歯	はへん
十三画			
199	【鼓】	鼓	つづみ
十四画			
200	【鼻】	鼻	はな

※注「辶」については「遡・遜」のみに適用《てきよう》。「飠」については「餌・餅」のみに適用。

10

学年別漢字配当表

「小学校学習指導《しどう》要領《ようりょう》」（令和2年4月実施《じっし》）による。

	1年【10級】	2年【9級】	3年【8級】	4年【7級】	5年【6級】	6年【5級】
ア			悪安暗	愛案	圧	
イ	一	引	医委意育員院飲	以衣位茨印	囲移因	胃異遺域
ウ	右雨	羽雲	運			宇
エ	円	園遠	泳駅	英栄媛塩	永営衛易益液演	映延沿
オ	王音		央横屋温	岡億	応往桜	恩
カ	下火花貝学	何科夏家歌画回会海絵外角楽活間丸岩顔	化荷界開階寒感漢館岸	加果貨課芽賀改械害街各覚潟完官管関観願	可仮価河過快解格確額刊幹慣眼	我灰拡革閣割株干巻看簡
キ	気九休玉金	汽記帰弓牛魚京強教近	起期客究急級宮球去橋業曲局銀	岐希季旗器機議求泣給挙漁共協鏡競極	紀基寄規喜技義逆久旧救居許境均禁	危机揮貴疑吸供胸郷勤筋
ク	空		区苦具君	熊訓軍郡群	句	
ケ	月犬見	兄形計元言原	係軽血決研県	径景芸欠結建健験	型経潔件険検限現減	系敬警劇激穴券絹権憲源厳
コ	五口校	戸古午後語工公広交光考行高黄合谷国黒今	庫湖向幸港号根	固功好香候康	故個護効厚耕航鉱構興講告混	己呼誤后孝皇紅降鋼刻穀骨困
サ	左三山	才細作算	祭皿	佐差菜最埼材崎昨札刷察参産散残	査再災妻採際在財罪殺雑酸賛	砂座済裁策冊蚕

シ	子四糸字耳七 車手十出女小 上森人	止市矢姉思紙 寺自時室社弱 首秋週春書少 場色食心新親	仕死使始指歯 詩次事持式実 写者主守取酒 受州拾終習集 住重宿所暑助 昭消商章勝乗 植申身神真深 進	氏司試児治滋 辞鹿失借種周 祝順初松笑唱 焼照城縄臣信	士支史志枝師 資飼示似識質 舎謝授修述術 準序招証象賞 条状常情織職	至私姿視詞誌 磁射捨尺若樹 収宗就衆従縦 縮熟純処署諸 除承将傷障蒸 針仁
ス	水	図数				垂推寸
セ	正生青夕石赤 千川先	西声星晴切雪 船線前	世整昔全	井成省清静席 積折節説浅戦 選然	制性政勢精製 税責績接設絶	盛聖誠舌宣専 泉洗染銭善
ソ	早草足村	組走	相送想息速族	争倉巣束側続 卒孫	祖素総造像増 則測属率損	奏窓創装層操 蔵臓存尊
タ	大男	多太体台	他打対待代第 題炭短談	帯隊達単	貸態団断	退宅担探誕段 暖
チ	竹中虫町	地池知茶昼長 鳥朝直	着注柱丁帳調	置仲沖兆	築貯張	値宙忠著庁頂 腸潮賃
ツ		通	追			痛
テ	天田	弟店点電	定庭笛鉄転	低底的典伝	停提程適	敵展
ト	土	刀冬当東答頭 同道読	都度投豆島湯 登等動童	徒努灯働特徳 栃	統堂銅導得毒 独	討党糖届
ナ		内南		奈梨		難
ニ	二日入	肉			任	乳認
ネ	年			熱念	燃	

	1年【10級】	2年【9級】	3年【8級】	4年【7級】	5年【6級】	6年【5級】
	学年字数 80字 累計《るいけい》字数 80字	学年字数 160字 累計字数 240字	学年字数 200字 累計字数 440字	学年字数 202字 累計字数 642字	学年字数 193字 累計字数 835字	学年字数 191字 累計字数 1026字
ノ			農		能	納脳
ハ	白八	馬売買麦半番	波配倍箱畑発	敗梅博阪飯	破犯判版	派拝背肺俳班
			反坂板			晩
ヒ	百		皮悲美鼻筆氷	飛必票標	比肥非費備評	否批秘俵
			表秒病品		貧	
フ	文	父風分聞	負部服福物	不夫付府阜富	布婦武復複仏	腹奮
				副	粉	
ヘ		米	平返勉	兵別辺変便	編弁	並陛閉片
ホ	木本	歩母方北	放	包法望牧	保墓報豊防貿	補暮宝訪亡忘
					暴	棒
マ		毎妹万		末満		枚幕
ミ			味	未民	脈	密
ム				無	務夢	
メ	名	明鳴	命面		迷綿	盟
モ	目	毛門	問			模
ヤ		夜野	役薬	約		訳
ユ		友	由油有遊	勇	輸	郵優
ヨ		用曜	予羊洋葉陽様	要養浴	余容	預幼欲翌
ラ		来	落			乱卵覧
リ	立力林	里理	流旅両緑	利陸良料量輪	略留領	裏律臨
ル				類		
レ			礼列練	令冷例連	歴	
ロ	六		路	老労録		朗論
ワ		話	和			

10 二とおりの読み／注意すべき読み

↓のようにも読める。

「常用漢字表」（平成22年）本表備《び》考《こう》欄《らん》による。

二とおりの読み

遺言	ユイゴン	↓	イゴン
奥義	オウギ	↓	おくギ
堪能	カンノウ	↓	タンノウ
吉日	キチジツ	↓	キツジツ
兄弟	キョウダイ	↓	ケイテイ
甲板	カンパン	↓	コウハン
合点	ガッテン	↓	ガテン
昆布	コンブ	↓	コブ
紺屋	コンや	↓	コウや
詩歌	シカ	↓	シイカ
七日	なのか	↓	なぬか
老若	ロウニャク	↓	ロウジャク
寂然	セキゼン	↓	ジャクネン
法主	ホッス	↓	ホウシュ ホッシュ
十	ジッ	↓	ジュッ
情緒	ジョウチョ	↓	ジョウショ
憧憬	ショウケイ	↓	ドウケイ
人数	ニンズ	↓	ニンズウ
寄贈	キソウ	↓	キゾウ

注意すべき読み

側	がわ	↓	かわ
唾	つば	↓	つばき
愛着	アイジャク	↓	アイチャク
執着	シュウジャク	↓	シュウチャク
貼付	チョウフ	↓	テンプ
難しい	むずかしい	↓	むつかしい
分泌	ブンピツ	↓	ブンピ
富貴	フウキ	↓	フッキ
文字	モンジ	↓	モジ
大望	タイモウ	↓	タイボウ
頬	ほお	↓	ほほ
末子	バッシ	↓	マッシ
末弟	バッテイ	↓	マッテイ
免れる	まぬかれる	↓	まぬがれる
妄言	ボウゲン	↓	モウゲン
面目	メンボク	↓	メンモク
問屋	とんや	↓	といや
礼拝	ライハイ	↓	レイハイ

三位一体	サンミイッタイ
従三位	ジュサンミ
一羽	イチわ
三羽	サンば
六羽	ロッぱ
春雨	はるさめ
小雨	こさめ
霧雨	きりさめ
因縁	インネン
親王	シンノウ
勤王	キンノウ
反応	ハンノウ
順応	ジュンノウ
観音	カンノン
安穏	アンノン
天皇	テンノウ
身上	シンショウ シンジョウ （読み方により意味が違《ちが》う）
一把	イチワ
三把	サンバ
十把	ジッ（ジュッ）パ

常用《じょうよう》漢字表 付表（熟字訓《じゅくじくん》・当て字など）

＊小・中・高：小学校・中学校・高等学校のどの時点で学習するかの割《わ》り振《ふ》りを示《しめ》した。

※以下に挙げられている語を構成要素《こうせいようそ》の一部とする熟語に用いてもかまわない。

例「河岸（かし）」→「魚河岸（うおがし）」／「居士（こじ）」→「一言居士（いちげんこじ）」

付表1

語	読み	小	中	高
明日	あす	●		
小豆	あずき		●	
海女・海士	あま			●
硫黄	いおう		●	
意気地	いくじ		●	
田舎	いなか		●	
息吹	いぶき			●
海原	うなばら		●	
乳母	うば		●	
浮気	うわき			●
浮つく	うわつく		●	
笑顔	えがお		●	
叔父・伯父	おじ		●	
大人	おとな	●		
乙女	おとめ		●	
叔母・伯母	おば		●	
お巡りさん	おまわりさん		●	
お神酒	おみき			●
母屋 母家	おもや			●
母さん	かあさん	●		
神楽	かぐら			●
河岸	かし			●
鍛冶	かじ		●	
風邪	かぜ		●	
固唾	かたず		●	
仮名	かな		●	
蚊帳	かや			●
為替	かわせ		●	
河原・川原	かわら	●		
昨日	きのう	●		
今日	きょう	●		
果物	くだもの	●		
玄人	くろうと			●
今朝	けさ	●		
景色	けしき	●		
心地	ここち		●	
居士	こじ			●
今年	ことし	●		
早乙女	さおとめ		●	
雑魚	ざこ			●
桟敷	さじき			●
差し支える	さしつかえる		●	
五月	さつき		●	
早苗	さなえ		●	
五月雨	さみだれ		●	
時雨	しぐれ		●	
尻尾	しっぽ		●	
竹刀	しない		●	
老舗	しにせ		●	
芝生	しばふ		●	
清水	しみず	●		
三味線	しゃみせん		●	
砂利	じゃり		●	
数珠	じゅず			●
上手	じょうず	●		

付表2

白髪	しらが		●	
素人	しろうと			●
師走	しわす（しはす）			●
数寄屋 数奇屋	すきや			●
相撲	すもう		●	
草履	ぞうり		●	
山車	だし			●
太刀	たち		●	
立ち退く	たちのく		●	
七夕	たなばた	●		
足袋	たび		●	
稚児	ちご			●
一日	ついたち	●		
築山	つきやま			●
梅雨	つゆ		●	
凸凹	でこぼこ		●	
手伝う	てつだう	●		
伝馬船	てんません			●
投網	とあみ			●
父さん	とうさん	●		
十重二十重	とえはたえ			●
読経	どきょう			●
時計	とけい	●		
友達	ともだち	●		
仲人	なこうど			●
名残	なごり		●	
雪崩	なだれ		●	
兄さん	にいさん	●		
姉さん	ねえさん	●		
野良	のら			●
祝詞	のりと			●
博士	はかせ	●		
二十 二十歳	はたち		●	
二十日	はつか	●		
波止場	はとば		●	
一人	ひとり	●		
日和	ひより		●	
二人	ふたり	●		
二日	ふつか	●		
吹雪	ふぶき		●	
下手	へた	●		
部屋	へや	●		
迷子	まいご	●		
真面目	まじめ	●		
真っ赤	まっか	●		
真っ青	まっさお	●		
土産	みやげ		●	
息子	むすこ		●	
眼鏡	めがね	●		
猛者	もさ			●
紅葉	もみじ		●	
木綿	もめん		●	
最寄り	もより		●	
八百長	やおちょう			●
八百屋	やおや	●		
大和	やまと		●	
弥生	やよい		●	
浴衣	ゆかた			●
行方	ゆくえ		●	
寄席	よせ			●
若人	わこうど		●	
愛媛	えひめ	●		
茨城	いばらき	●		
岐阜	ぎふ	●		
鹿児島	かごしま	●		
滋賀	しが	●		
宮城	みやぎ	●		
神奈川	かながわ	●		
鳥取	とっとり	●		
大阪	おおさか	●		
富山	とやま	●		
大分	おおいた	●		
奈良	なら	●		

■「いちまる」キャラクターイラスト:kaorimix

いちまるとはじめよう！ わくわく漢検 7級 改訂版

2022年 11月30日　第1版第4刷　発行
編　者　公益財団法人 日本漢字能力検定協会
発行者　山崎　信夫
印刷所　三松堂株式会社

発行所　公益財団法人 日本漢字能力検定協会
〒605-0074　京都市東山区祇園町南側551番地
☎(075)757-8600
ホームページhttps://www.kanken.or.jp/

Printed in Japan
ISBN978-4-89096-417-8　C0081

7級

いちまるとはじめよう！わくわく漢検

改訂版

別冊《べっさつ》
標《ひょう》準《じゅん》解《かい》答《とう》

＊答えは別冊になっています。
　とりはずして使ってください。

＊答えをとじているはり金でけがを
　しないよう気をつけてください。

名前

漢検　公益財団法人　日本漢字能力検定協会

700417 (1-4)

練習問題

1週目

1日目

p.11

1

① きせつ
② すいがい
③ か
④ め
⑤ ふうけい
⑥ しゅ
⑦ てんこう
⑧ せっすい
⑨ は
⑩ たね

2

① ア
② オ
③ イ
④ ウ

練習問題

2日目

p.13

1

① て
② ざいりょう
③ まつ
④ うめ
⑤ てんねん
⑥ すだ
⑦ ねっちゅう
⑧ しぜん
⑨ りょうきん
⑩ あつ

2

① 果
② 芽
③ 候
④ 松
⑤ 照
⑥ 景
⑦ 巣
⑧ 料
⑨ 種
⑩ 季

練習問題

3日目

p.15

1

① しょくえん
② しちゃく
③ きぐ
④ やさい
⑤ せきはん
⑥ たいけん
⑦ て
⑧ えいかいわ
⑨ めし
⑩ や

2

① さい
② な
③ えん
④ しお
⑤ しゅ
⑥ たね
⑦ し
⑧ こころ

練習問題

4日目

p.17

1

① ともぐ
② おぼ
③ じかく
④ にっか
⑤ くんれん
⑥ きょうつうご
⑦ さんどう
⑧ きよう
⑨ さつ
⑩ じてん

2

①
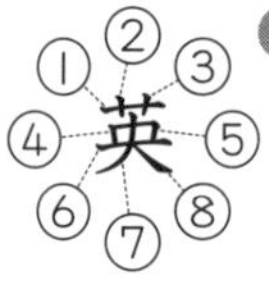

②
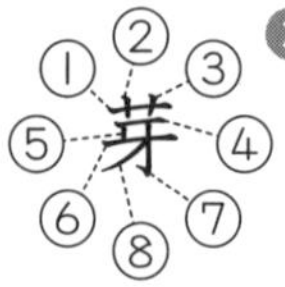

③
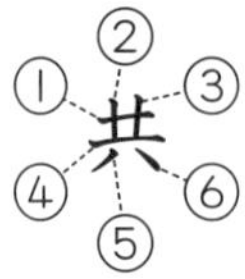

④
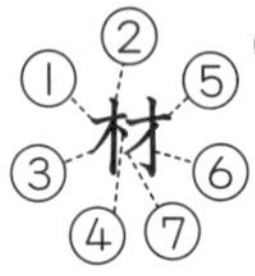

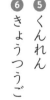

練習問題

10 5日目

p.19

1

1 せいか
2 となう
3 がっしょう
4 そつぎょう
5 はんせい
6 じゅんろ
7 じょうたつ
8 せき
9 じゅんばん
10 つ

2

1 イ
2 ア
3 イ
4 ア
5 ア
6 イ
7 ア
8 イ
9 イ
10 ア

復習《ふくしゅう》問題

10 6日目

p.20
p.21

1

1 イ
2 ア
3 ウ
4 イ
5 ア

2

1 自然
2 発達
3 塩味
4 卒業
5 松
6 参
7 夕焼
8 道順
9 梅酒
10 野菜

3

1 省く
2 覚ます
3 試みる
4 唱える

4

1 英語
2 夕飯
3 実験
4 辞典
5 熱
6 楽器
7 害虫
8 共通
9 空席
10 訓練

練習問題

2週目

10 7日目

p.25

1

1 そうこ
2 じゅうよう
3 しがいち
4 ひょうほん
5 つと
6 うちがわ
7 まちかど
8 ふくさよう
9 れい
10 どりょく

2

1 ウ
2 ア
3 エ
4 イ

練習問題 8日目 p.27

1

① ほっきょく
② ちゃくりく
③ かんせい
④ きしべ
⑤ あた
⑥ かいてい
⑦ せいこう
⑧ そこ
⑨ ほうぼく
⑩ もっと

2

功→努→底→要→倉→
陸→最→辞→察→標

練習問題 9日目 p.29

1

① ひっし
② しょかい
③ あんせい
④ かなら
⑤ とくだい
⑥ はじ
⑦ ていか
⑧ きよ
⑨ はくぶつかん
⑩ あさ

2

① 辺
② 副
③ 課
④ 牧
⑤ 極
⑥ 底
⑦ 清
⑧ 街
⑨ 倉
⑩ 側

練習問題 10日目 p.31

1

① かんこう
② あらた
③ かこう
④ かいせい
⑤ もと
⑥ よ
⑦ いさ
⑧ かんしん
⑨ ひ
⑩ りょうやく

2

① 最高 ― 最低
② 海上 ― 陸上
③ 人工 ― 天然
④ 熱い ― 冷たい
⑤ 主食 ― 副食

練習問題 11日目 p.33

1

① きょうりょく
② きょうそう
③ むす
④ くわ
⑤ か
⑥ さんぽ
⑦ さ
⑧ かた
⑨ こてい
⑩ のこ

2

① ア
② イ
③ ウ
④ イ
⑤ ウ

復習《ふくしゅう》問題 12日目 p.34 p.35

1

① 刂 列—副
② 宀 害—完
③ 木 材—極
④ 禾 種—積
⑤ 亻 低—借

2

① 差
② 特集
③ 成功
④ 勇気
⑤ 関係
⑥ 努力
⑦ 初
⑧ 着陸
⑨ 最近
⑩ 必要

3

① ア
② ウ
③ イ
④ エ
⑤ ア
⑥ ウ

4

① 競走
② 目標
③ 観察
④ 散歩
⑤ 参加
⑥ 残
⑦ 浅
⑧ 改
⑨ 固
⑩ 求

練習問題 3週目 13日目 p.39

1

① か
② お
③ ひらい
④ えきでん
⑤ お
⑥ ほうち
⑦ うけつけ
⑧ ぶんべつ
⑨ ぞっこう
⑩ と

2

① 勇ましい
② 必ず
③ 別れる
④ 続く

練習問題 14日目 p.41

1

① ほうちょう
② れんじつ
③ のぞ
④ あいけん
⑤ きぼう
⑥ あんないず
⑦ つつ
⑧ あ
⑨ しんきろく
⑩ よくしつ

2

① オ・ア
② ウ・イ
③ ア・エ
④ ウ・オ
⑤ イ・ウ

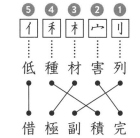

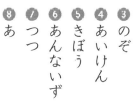

練習問題

15日目

p.43

1
①ねが
②ねんがん
③わら
④しゅくじつ
⑤この
⑥な
⑦こうぶつ
⑧まんかい
⑨じしん
⑩ねん

2
①へんか
②か
③でんき
④つた
⑤ほうちょう
⑥つつ
⑦まんぞく
⑧み
⑨れんぞく
⑩つら

練習問題

16日目

p.45

1
①みんわ
②ゆうこう
③おっと
④とほ
⑤しめい
⑥なかよ
⑦まご
⑧じどう
⑨ろうじんかい
⑩お

2
①望む
②浴びる
③笑う
④飛ばす
⑤祝う
⑥好む
⑦伝える

練習問題

17日目

p.47

1
①さか
②けんこう
③えいよう
④すいどうかん
⑤やじるし
⑥い
⑦こっき
⑧な
⑨やしな
⑩まんてん

2
①イ
②ア
③イ
④ア
⑤ア
⑥イ
⑦ア
⑧イ
⑨イ
⑩ア

復習《ふくしゅう》問題

18日目

p.48
p.49

1
①4
②8
③7
④5
⑤5
⑥6
⑦6
⑧9
⑨3
⑩7

2
①連
②児
③伝
④飛
⑤続
⑥好
⑦折
⑧衣
⑨孫
⑩泣

3

① 仲・健
② 感・念
③ 浅・浴
④ 笑・管

4

① 付
② 信
③ 変
④ 満
⑤ 録
⑥ 民
⑦ 愛
⑧ 栄
⑨ 祝
⑩ 老

練習問題 4週目 19日目

p.53

1

① かくち
② くびわ
③ さくねん
④ ほうたい
⑤ かがみ
⑥ とうゆ
⑦ いちりんしゃ
⑧ いぜん
⑨ はんけい
⑩ おび

2

① エ・イ
② ア・オ
③ イ・ウ
④ エ・ア
⑤ ア・オ

練習問題 20日目

p.55

1

① しんるい
② たんい
③ しゅうへん
④ くらい
⑤ におくにん
⑥ いっちょう
⑦ はなたば
⑧ すいい
⑨ りょう
⑩ とうだい

2

① ア
② ア
③ ア
④ ア
⑤ イ
⑥ ア
⑦ ア
⑧ イ
⑨ ア
⑩ イ

練習問題 21日目

p.57

1

① がいこうかん
② せんきょ
③ ぎだい
④ たば
⑤ きんか
⑥ きゅうしょく
⑦ きかん
⑧ あ
⑨ はか
⑩ きかい

2

① ウ
② ア
③ ア
④ イ
⑤ ウ

22日目 練習問題

p.59

1

① べんり
② せんえんさつ
③ ぐんぶ
④ ごうれい
⑤ ぎょこう
⑥ た
⑦ けんこく
⑧ ほうほう
⑨ たよ
⑩ いちり

2

① 以
② 位
③ 旗
④ 機
⑤ 料
⑥ 漁
⑦ 官
⑧ 管

23日目 練習問題

p.61

1

① くろう
② だいじん
③ とうひょう
④ はたら
⑤ しかい
⑥ さんち
⑦ ふけん
⑧ おさ
⑨ ふだ
⑩ う

2

① 挙げる
② 帯びる
③ 養う
④ 選ぶ
⑤ 治す
⑥ 栄える
⑦ 満たす

24日目 復習問題《ふくしゅうもんだい》

p.62
p.63

1

① 利
② 昨
③ 席
④ 周
⑤ 陸

2

① 直径
② 大臣
③ 旗
④ 働
⑤ 衣服
⑥ 健康
⑦ 貨物
⑧ 以上
⑨ 指輪
⑩ 各自

3

① 照・然・熱
② 結・続・給
③ 記・訓・課・談

4

① 漁船
② 束
③ 一兆
④ 電灯
⑤ 位置
⑥ 生産
⑦ 選挙
⑧ 親類
⑨ 名札
⑩ 会議

練習問題

5週目

25日目 p.67

1
① がくげいかい
② す
③ おんがくたい
④ やぶ
⑤ たたか
⑥ あらそ
⑦ しょうせつ
⑧ いんさつ
⑨ ぐんて
⑩ げい

2
① イ ④ ア ⑦ ア ⑩ ア
② ア ⑤ ア ⑧ イ
③ イ ⑥ ア ⑨ ア

練習問題

26日目 p.69

1
① うしな
② みかんせい
③ やくそく
④ すえ
⑤ ふつう
⑥ まと
⑦ けっせき
⑧ か
⑨ てきちゅう
⑩ むり

2
① ウ ④ イ
② ア ⑤ ウ
③ イ

練習問題

27日目 p.71

1
① いばらき
② みやぎ
③ とちぎ
④ ぐんま
⑤ さいたま
⑥ かながわ
⑦ なら
⑧ にいがた
⑨ とやま
⑩ む

2
① 芸・英・芽
② 完・察・官
③ 隊・陸・院・陽

練習問題

28日目 p.73

1
① ふくい
② やまなし
③ ぎふ
④ しずおか
⑤ おかやま
⑥ ふくおか
⑦ しが
⑧ おおさか
⑨ しろ
⑩ と

2
① 無 ④ 未
② 欠 ⑤ 徒
③ 争

練習問題

29日目

p.75

1

1 ひょうご
2 とくしま
3 かがわ
4 えひめ
5 さが
6 ながさき
7 みやざき
8 くまもと
9 かごしま
10 おきなわ
11 どうとく
12 かお
13 おき
14 なわ

復習《ふくしゅう》問題

30日目

p.76
p.77

1

1 帯
2 隊
3 参
4 散
5 刷
6 札
7 争
8 倉

2

1 城
2 約
3 末
4 建
5 梨
6 周
7 敗
8 賀
9 縄
10 未

3

1 2
2 5
3 7
4 4
5 9
6 7
7 13
8 8
9 12
10 14

4

1 群
2 沖
3 的
4 低
5 説
6 井
7 軍
8 鹿
9 府
10 司

漢字で遊ぼう！ わくわく広場 1

p.8
p.9

漢字で遊ぼう！ わくわく広場 2

p.22
p.23

漢字で遊ぼう！ わくわく広場 3

p.36
p.37

漢字で遊ぼう！ わくわく広場 4

p.50
p.51

漢字で遊ぼう！ わくわく広場 5

p.64
p.65

テストにチャレンジ！

p.80〜p.83

一 読み (20) 1×20

10	9	8	7	6	5	4	3	2	1
お	あん	みんげいひん	なかなお	いるい	つ	まご	しゅくじ	かんかく	つ

二 読み (10) 1×10

10	9	8	7	6	5	4	3	2	1
あらた	かいりょう	か	けってん	あつ	ねったいぎょ	まわ	しゅうへん	えら	せんしゅ

四 画数（算用数字） (10) 1×10

10	9	8	7	6	5	4	3	2	1
総《そう》画数					何画目				
19	15	14	10	12	4	5	10	4	7

五 音読み・訓読み（記号） (20) 2×10

2	1
イ	ア

七 漢字と送りがな（ひらがな） (14) 2×7

7	6	5	4	3	2	1
争う	試みる	飛ばす	付ける	静かな	治る	加える

九 同じ読みの漢字 (16) 2×8

8	7	6	5	4	3	2	1
唱	照	貨	果	省	清	以	位

十 漢字 (40) 2×20

10	9	8	7	6	5	4	3	2	1
笑	包	固	願	失	録	景	参	低	満

11	12	13	14	15	16	17	18	19	20
もと	かんさつ	やじるし	じゅんちょう	やしな	はた	とくべつ	ふつう	ほっきょく	な

三 漢字えらび(記号) (20) 2×10

1	2	3	4	5	6	7	8	9	10
ウ	イ	ウ	ア	イ	イ	ア	ウ	イ	ア

3	4	5	6	7	8	9	10
イ	ア	イ	イ	ア	イ	ア	ア

六 対義《ぎ》語(一字) (10) 2×5

1	2	3	4	5
陸	敗	無	差	末

八 同じ部首の漢字 (20) 2×10

ア			イ			ウ			
1	2	3	4	5	6	7	8	9	10
説	議	課	必	愛	念	庫	康	底	府

十 じゅく語作り(記号) (20) 2×10

一		二		三		四		五	
1	2	3	4	5	6	7	8	9	10
オ	エ	ア	ウ	イ	オ	エ	ア	ウ	イ

11	12	13	14	15	16	17	18	19	20
典	働	給	借	令	戦	利	材	億	好

10 都道府県名

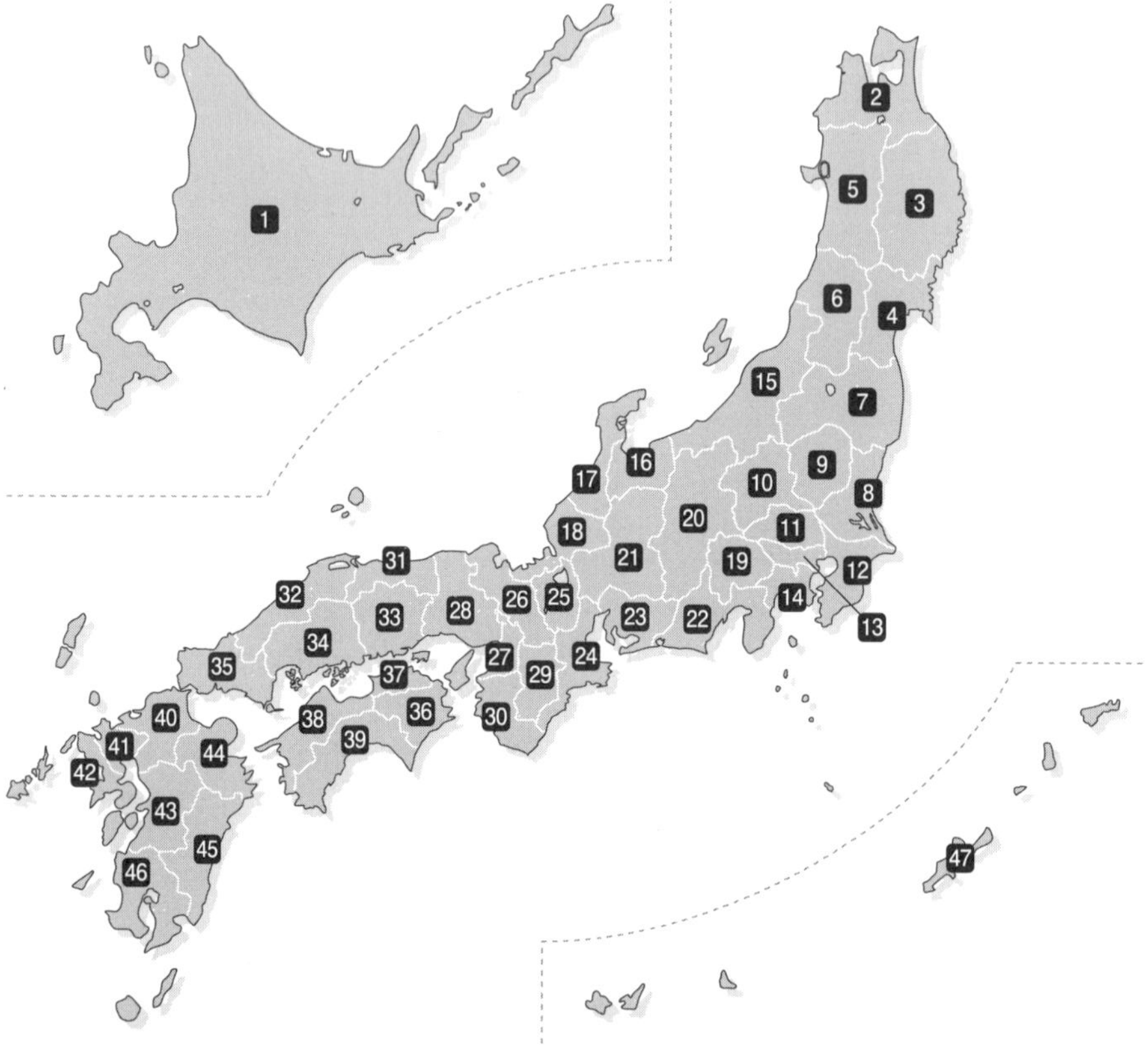

20	19	18	17	16	15	14	13	12	11	10	9	8	7	6	5	4	3	2	1
長野《ながの》県	山梨《やまなし》県	福井《ふくい》県	石川《いしかわ》県	富山《とやま》県	新潟《にいがた》県	神奈川《かながわ》県	東京都《とうきょうと》	千葉《ちば》県	埼玉《さいたま》県	群馬《ぐんま》県	栃木《とちぎ》県	茨城《いばらき》県	福島《ふくしま》県	山形《やまがた》県	秋田《あきた》県	宮城《みやぎ》県	岩手《いわて》県	青森《あおもり》県	北海道《ほっかいどう》

40	39	38	37	36	35	34	33	32	31	30	29	28	27	26	25	24	23	22	21
福岡《ふくおか》県	高知《こうち》県	愛媛《えひめ》県	香川《かがわ》県	徳島《とくしま》県	山口《やまぐち》県	広島《ひろしま》県	岡山《おかやま》県	島根《しまね》県	鳥取《とっとり》県	和歌山《わかやま》県	奈良《なら》県	兵庫《ひょうご》県	大阪府《おおさか》	京都府《きょうとふ》	滋賀《しが》県	三重《みえ》県	愛知《あいち》県	静岡《しずおか》県	岐阜《ぎふ》県

47	46	45	44	43	42	41
沖縄《おきなわ》県	鹿児島《かごしま》県	宮崎《みやざき》県	大分《おおいた》県	熊本《くまもと》県	長崎《ながさき》県	佐賀《さが》県